だいわ文庫

3分間で気持ちの整理をする

リラックスブック

たかた まさひろ

大和書房

この本を手にとってくれたあなたへ

他人が怖くてしかたがありませんでした。

臆病をさとられないように精一杯の虚勢を張って、他人のご機嫌を慎重にうかがいながら、傷つけられないように細心の注意を払い、最小限の人付き合いをして生きていました。


自分を変えたいと思っても、何からどう始めればよいのかわかりません。

二十代なかばのころ、救いを求めて図書館に通いつめました。心理学、宗教、哲学、古典文学……子供のころは読書が大嫌いだったのに、うって変わって、渇いた砂漠で水を求めるように、あらゆる書物を読みあさりました。

ある本で見つけた言葉に、脳天を割られるような衝撃を受けました。

「恥ずかしがり屋とは、もっとも利己的な人のことをいう。彼は、自分のことしか頭にない」

それまで私は、自分を心の清らかな人間だと思っていました。こんなにも純粋な人間を傷つけようとする非道な人たちから、いかに自分を守るか。その闘いが一生の課題だと思っていました。

よろいのように固められた心の垢《あか》をすべてそぎ落とし、そして、生まれ変わりたい。心の底からそう思いました。

私がむさぼり読んだ多くの書物の中には、大変参考になるものもあったし、まったく共感できないものもありました。

しかし、私がそれらから得たもっとも大きな糧《かて》は、書かれていた内容そのものよりも、**「世の中には、いろいろな考え方の人がいるんだ」**という、ごく当たり前の真理を知ったことでした。

自分は自分の信念に従って生きればいい。そうさとった瞬間、はじめて自分に自信がもてるような気がして、目の前の霧が晴れ、世界がきらきらと光り輝いて見えたのを覚えています。


夢を持て、希望を持て。くじけず、がんばろう。明るく生きよう……。

人は簡単に、「前向きな」言葉を口にします。かつての私は、そういう言葉を聞かされるたび、「それができるくらいなら、苦労はしない」というせりふをぐっとのみこんで、唇をかんだものでした。

「こういう言い方をされていたら、素直に受け入れられただろう」という思いのたけを文章にして、インターネットで公開したところ、予想をはるかに超える大きな反響がありました。

一年あまりの間ネット上で連載したものをまとめ、この度、出版させていただく運びとなりました。

私は、心理学者でも精神科医でも教育者でもなく、ただの「自分に自信がもてず悩んでいた人間」にすぎません。
しかし、だからこそ、かつての私と同じように苦しんでいる方々の気持ちが、理屈ではなく実感としてわかります。

今の私は、不幸だったころと境遇や環境はまったく変わっていないのに、あふれるほどの幸せに満たされています。心の持ち方ひとつで、人生は変えられるのだということを、この本で強く訴えたいのです。

ひとりでも多くの方が悩みや苦しみから解放され、生きることの喜びを見出されるよう祈ります。そして、心からの幸せを感じたなら、今度は、ほかの誰かを幸せにしてあげてください。
世界のすみずみにまで、幸せの輪が広がりますように。

3分間で気持ちの整理をするリラックスブック　目次

第1の扉

どうすれば自分に自信がもてるのだろうか

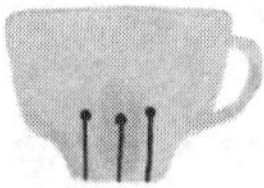

第2の扉

どこへいっても人付き合いにストレスを感じてしまうあなたへ

第3の扉

愛することに臆病になっているあなたへ

第4の扉

ささいなことで（不機嫌になる）（イライラする）（ムカつく）あなたへ

第5の扉

人は誰でも幸せになれる

第1の扉

どうすれば自分に自信がもてるのだろうか

01 深刻に考えすぎることをやめよう

今、目の前に自殺を図《はか》ろうとしている人がいるとしたら、あなたは何と声をかけるでしょうか。

「かけがえのない命を粗末にしてはいけない」

「生きていれば、必ずいいこともある」

「死ぬ勇気よりも、生きる勇気をもて」

などというのは、よく聞く言葉です。

しかし、これらの言葉は、どこか高いところから見下しているような尊大さを感じさせます。

そんなことは、わざわざ言われなくても、誰でもわかっていることです。わかっているからこそ、苦しんでいるのです。

相手は、かえって自分が責められているように思い、「どうせ私の苦しみなど、誰も理解してくれない」という反発を招いてしまうのではないでしょうか。

生きることに絶望してしまった人は、決して人生を粗末にしているわけでも、努力を怠ったわけでもありません。

むしろ、あまりに**「人生を重大視しすぎてしまった」**のです。

自分というものがあまりに大切だから、些細《ささい》なことを気に病み、思い通りにならないことに苦しんでいるのです。

芥川龍之介は、「人生は一箱のマッチに似ている。重大に扱うのはばかばかしい。重大に扱わなければ危険である」と言いました。

自殺を考えるほど追い詰められた人にとって、本当に必要な言葉は、「重大に扱うのはばかばかしい」という部分でしょう。

ひとりの人間の一生など、宇宙の永い歴史に較《くら》べれば、ほんの一瞬の、ちりほどの値打ちもないものです。

自分が宇宙の歴史を変えるわけではなく、永遠に存在の証《あか》しが刻まれるわけでもなく、ただの一時期、この世に生まれ、そして消えていくだけの、はかないものです。

気も狂わんばかりにもだえ苦しんだり、人を憎んだりしても、何が残るわけでもありません。自分が死んだら、それで自分の世界は終わりです。

泣いて暮らすも一生、笑って暮らすも一生。はかない一生だからこそ、せいぜい楽しく笑って過ごせば、それでよいのではないでしょうか。

これは決して、生きることの意味を否定し、人生の責任を放棄することではありません。むしろ、大いに積極的、主体的な考え方なのです。

どんな厄難や不運も、笑い飛ばしてしまえばよいのです。

それを軽薄、不謹慎だと批判する人もいるかもしれません。しかし、人生をあまりに重大に、深刻に考えたとして、それが結局、苦しみというマイナスの結果しかもたらさないのだとすれば、いったいそれにどれほど「重大な」意味があるというのでしょう。

それこそ、せっかくの貴重な人生を無駄にしていることになりはしないでしょうか。

「生きる喜び」が感じられず悩んでいる人は、視点を変えて、「生かされている喜び」に目を向けてください。

人は、生まれてから死ぬまでのひととき、神から命を借りているだけなのです。

命を自分の所有物だと思うと、人生が思い通りにならないと言っては腹を立てたり、悲観したりしてしまいます。

人は、自分の力でこの世に生まれてきたわけではありません。呼吸をしていることさえ、自分の意思によるものではないのです。

自ら「生きている」のではなく、神に「生かされている」のだと思えば、それだけで感謝の気持ちでいっぱいになるはずです。

些細な悩みが、ばからしく思えることでしょう。


「人は何のために生きるか」などと誰に問いかけても、答えは返ってきません。

逆に、私たちひとりひとりが、問われているのです。「あなたは、何のために生きているのですか」と。

正解はひとつではありません。

自分なりの答えを出せばよいのです。

02 思い込みにとらわれていませんか

あるサラリーマンが、リストラにより会社を退職させられることになりました。

彼には、妻と、高校受験を控えた娘がいました。マンションのローンも残っています。再就職先を必死で探しましたが、なかなか見つかりません。彼は、心身ともに疲労しきってしまいました。

妻と娘は、「がんばって、がんばって」と父親をずっと励まし続けました。

そしてついに、彼は、次のような遺書を残して自ら命を絶ちました。

「申し訳ない。もうこれ以上、がんばれない」

誰にも悪意はないのに起こってしまった悲劇でした。

落ち込んでいる人に向かって、「がんばれ、がんばれ」と励ますのは、ますますその人を追いつめることになってしまうので、注意が必要です。

一般に、ジョギングをすることは、健康にいいことですが、それはもともと体が健康であるときにかぎります。

病気で寝込んでいる人を叩《たた》き起こして、「健康のためにジョギングをしろ」という人はいないでしょう。

心の健康についても、同じことがいえるのです。

心が病んでいるときは、ゆったりと過ごし、快復を待つことを最優先させなくてはなりません。**心が健康になってから、がんばればいいのです。**

生真面目で神経症的な性格の人は、必死で自分に「がんばれ」、「強くなれ」と言い聞かせ、健気《けなげ》に努力しています。

そういう人たちの「努力」とは、たいていの場合、自分の生きがいのためではなく、他人に見捨てられたくないという不安によるものです。

不安から逃れるための努力は、決して報われることはありません。不安という心の病の原因は、自分の中にあるのですから、まずそれを取り除かなければなりません。

いくら努力しても、それは、風邪を引いている人が必死でジョギングをしているようなもので、ますます症状を悪化させる結果に終わるだけです。

冒頭にあげた父親は、お気の毒でしたが、「家族を養えなければ、父親として失格だ」という思い込みにとらわれすぎていたのです。

もちろん、家族を養うということは、父親の重要な役目のひとつですが、それがすべてではありません。

安いアパートに引っ越し、つましい暮らしをしながらも、「貧しい中にも生きることの喜びを見出す」ことを子供に教えるという選択肢もあったはずです。

むしろ、その方が子供の人生観によい影響を与えたかもしれないのです。

家族の絆《きずな》は深まり、豊かな暮らしをしていた時は見えていなかった大切なものを発見できたことでしょう。

子供の学費を出すことだけが教育ではありません。父親は、ひたすら「家族のため」とがんばったのですが、その努力は幸せに向かっていなかったのです。

「自分はこんなにがんばっているのに、まったく報われない」と嘆いている人は、「こうあらねばならない」という思い込みにとらわれすぎているために、努力が空回りをしているだけなのです。

「報われないのは、努力が足りないからだ」と、ますます虚しい努力を続け、ついには心も体も疲れきってしまいます。

近年、徐々にですが、「スロー・ライフ」という考えが広まりつつあります。

誤解を受けやすいのですが、スロー・ライフとは、決して、無気力で怠惰に生きることを推奨しているわけではありません。

死にたいほどに追いつめられるくらいなら、いっそのこと、しがらみをすべて捨て去ってみるのもひとつの選択肢ではないか、ということです。

あくまで、「心豊かに生きる」ことが目的なのです。

これまで必死でしがみついてきたものが、**「それを失うと本当に困るのか、自分の人間としての価値にかかわる問題なのか」**を一度考え直してみるのは、無駄ではないでしょう。


人生には、たくさんの選択肢があります。道はひとつではありません。

道に迷ったなら、やみくもに歩き回るより、立ち止まって、地図とコンパスを用意し、自分の進むべき方向を見直してみましょう。

これまで見えていなかった新しい道が拓《ひら》けるかもしれません。

03 考え方の癖を直そう

自分の性格を直したいと思っている人はたくさんいることでしょう。

性格というものは直らないものだ、と最初からあきらめてしまっていませんか。

性格とは、考え方の癖であるといえます。

悲観的な性格の人は、何でもものごとを悪い方に考えてしまう癖がついている、あがり症の人は、人前に出るとすぐに、恥をかいたらどうしようと考えてしまう癖がついているのです。


人間は、安定を求めるようにできていますので、自分の行動をパターン化しようとします。

さまざまな局面にぶつかったとき、そのたびに一から対処法を考えていては疲れてしまうので、「こういう場合にはこうする」と、自分なりのパターンを決めてしまうのです。

行動や思考のパターンを習慣化して、安定を図ることで、人間は安心します。

お酒好きの人にとって、お酒を断つということは、とてもつらいことです。しかし、実は、「お酒を飲むのをやめる」ということ自体がつらいのではなく、「身についた習慣を断ち切る」のがむずかしいのです。

はじめのうちは気分が落ち着かず、イライラすることもありますが、それを克服し、逆に「お酒を飲まない」ということが習慣となれば、それに慣れてしまうものです。

お酒自体に罪はなく、お酒がよいか悪いかという問題ではありません。単に、人間が習慣を変えるということは、安定性が崩れるので不安を感じる、というだけのことなのです。

性格も、それ自体がよい、悪いと考えることはありません。

「悪い性格を直せない自分は、ダメな人間だ」などと思う必要はないのです。

乗り物酔いをする人は、乗り物に乗るたびに「また酔うに決まっている」と思い込むから、本当に酔ってしまいます。

あがり症の人も、人前に出るたびに「また自分は緊張するに決まっている」と思う癖がついてしまっているから、本当に緊張するのです。

性格を直そうと思ってもなかなかできないのは、人格の問題というよりも、**習慣化した考え方のパターンを断ち切ることに不安を感じるから**です。

あなたが自分の性格を直したいと思うなら、考え方の癖、その習慣を変えればよいのだと考えれば、ずいぶん気が楽になります。

何をするにも、慣れるためには時間がかかります。しかし、いったん慣れてしまえば、今度はそれが当たり前になるのです。

転校や転勤により、生活環境ががらりと変わる場合、人は誰でも、不安を感じます。しかし、それも一時的なもので、やがて新しい環境に順応してきます。

性格も同じで、新しい性格に慣れるまでの我慢なのです。

ほんの少し勇気を出して、はじめの一歩を踏み出してみてください。

04

どうすれば自分に自信がもてるのだろうか

読者の方からいただくメールでもっとも多いのは、「どうすれば自分に自信がもてるのか」という内容のものです。

ある男性は、「私のような貧乏人は、女性に相手にされるわけがない」と言います。

私は、そういう悩みに対して、「あなたが、貧乏であることを恥ずかしいことだと思っているのですから、仕方がありません」と答えるほかありません。

いくら私が「経済力と人間の価値とは関係ありません」と言っても、それはあくまで私の価値観であるにすぎないのです。

私は自分の価値観が正しいと信じていますが、それが万人に共通する絶対的真理であるとは思っていません。

世の中には、お金がすべてだと考えている人もいるでしょう。

その人がそれで幸せなら、他人の幸せを否定する権利は私にはありません。

ただ、私はそうなりたいとは思わない、というだけのことです。


人それぞれが、自分なりの価値観に従って生きています。

暴力で他人を服従させることはできても、意思までも変えることはできません。

価値観は、その人の自由な意思によって導き出されたものなのです。

「お金のある者の勝ちだ」と考えるのが自由なら、「お金がないから自信がもてない」というのもまた、その人が自由に考えたことなのです。


自分が、自分の価値観に従って自分を無価値だと決めつけ、悩んでいる。——

その姿は、自分で自分の首をしめながら、誰かに助けを求めているのと同じです。

その手をゆるめさえすれば、楽になるのです。


「劣等」から「劣等感」が生まれるのではありません。

「劣等感」から「劣等」が生まれるのです。

人間に客観的な劣等など存在しません。劣等感をもってはじめて、本当に劣等となってしまうのです。


自分に自信がもてないという人は、以下のことに注意してください。

「私は貧乏だから価値がない」と言うことは、世の中のすべての貧乏な人を侮辱することになります。

貧乏でも、明るく前向きに生きている人はたくさんいます。

自分の弱さを一般論にすりかえてごまかしてはいけません。

貧乏であることが恥ずかしいのではありません。貧乏を恥ずかしいと思うことが恥ずかしいのです。

「私は太っているからモテないのだ」と言うことは、世の中のすべての太っている人を侮辱することになります。

「私は体が不自由だから不幸だ」と言う人は、世の中のすべての身体に障害のある人を侮辱することになります。

あなたはもう、何かと理由をつけて「自分は価値がない」などと言うことはできません。それは、同じ境遇の人に対して、とても失礼な発言なのです。

人間にとって、幸せとは何か。
何が正しく、何が間違っているのか。
何が美しく、何がみにくいのか。
絶対に正しい答えはありません。
自分の頭で考え、自分なりの価値観を確立してください。

世の中には、あなたをバカにする人もいるでしょう。しかし、その人は自分の独善的な価値観でものを言っているにすぎないのです。

あなたが腹を立てたり、落ち込んだりしてしまえば、それは相手の価値観を認めることになってしまいます。

そんな人のことは、気にしなければいいだけのことです。

どんなに立派な人格者だって、ねたみから悪口を言われることもあるでしょう。

すべての人に認められるなどということは、不可能だし、必要のないことです。

自分の価値観を他人に押し付けず、他人の価値観に惑わされない。

自分の信念を貫きながらも、間違いに気づけば改める謙虚さをもつ。

それが自信をもつ方法です。

人の道に外《はず》れることなく、まっとうに生きてさえいれば、何も恥ずかしいことなどありません。

05

自分を罰することをやめよう

人は、他人に受け入れてもらえず、不満を抱いたとき、他人を罰するタイプと、自分を罰するタイプの二通りに分かれます。

誰にでも、どちらかの傾向があるものですが、度が過ぎてしまうと、人格にさまざまな問題が生じてきます。

相手を攻撃する外罰型の人は、「自分がそんな性格だからこそ愛されないのだ」ということは誰の目にも明らかです。

当人もその点は自覚しているのですが、ただ克服する勇気がなく、ごまかし、強がっているだけなのです。当人がいつ、「生まれ変わろう」と目覚めるか、それだけが問題です。

問題点が明白である分、解決策も見えやすいと言えるでしょう。

解決が難しいのは、内罰型の人です。

自分を罰するタイプの人は、「どうせ自分は、価値のない人間だ」と言っておきながら、**心の底では自分が悪いとは思っていません。**

やはり他人が悪いと思っている点では、本質的に外罰型の人と同じです。

あからさまに他人を批判するのはみにくいことだとわかっているので、「自分はこんなにも傷ついている」と示すことで間接的に他人を批判しているのです。

何も言わなくても他人は自分の気持ちを察するべきだ、と主張しているのです。

しかし、いくら他人を批判しても、やはり自分自身が変わらなければ、何も解決しません。

当人はそれを自覚していないので、なかなか問題の核心が見えず、ますます意固地になって、解決の方向性すら見出せずに苦しむことになります。

自分自身を愛せない人は、他人を拒絶しておいて、それを非難されると、「ほら、人間なんて皆、冷たいじゃないか」と内心では安心感を得ます。

自分が心の冷たい人間であるという劣等感をもっているので、「冷たいのは自分だけではない。他人だって冷たいのだ」ということを確認したいのです。

そして、他人を拒絶する一方、自分を無条件に愛してくれる人を求めています。

自分が相手のご機嫌を取ったり、精一杯の努力をしていたり、という条件のもとで受け入れてもらっても、安心できないのです。

だから、「他人に私の気持ちが理解できるはずがない」と突っぱね、相手を試そうとします。

他人から優しくしてもらっても、容易には心を許しません。

「自分は相手を拒絶しているのに、それでも相手は自分を愛してくれる」というほどの大きな愛情が得られなければ満足できないのです。

「自分は価値のない人間だ」と言うのは、本当は、「そんな自分さえも受け入れてほしい」という心の叫びです。

他人への怖れと嫉妬からくる遠回しな表現が、よけいな誤解を生み、ますます溝を深めてしまいます。

自分を罰するのも、他人を罰するのと同じくらいにあさましいことです。他人であれ、自分であれ、「人間が人間を罰する」ことなどできません。

何か悪いことをしてしまったときに、謙虚に反省することは必要です。反省とは、自分を真摯《しんし》に見つめ直す前向きな態度です。

対して、「どうせ自分なんて」と自分を卑下するのは、謙虚さではなく、開き直って問題に直面することから逃げているにすぎません。

どんなにつらくても、やはり自分自身も含めて人間を愛することによってしか、救われる方法はないのです。

06
自分の値打ちは自分で決めよう

人間は、文字通り、人と人の間にあってこそ意味のある存在ですから、他人からの評価というものは、重要です。

他人の目があるから恥ずかしくない生き方をしようと、プラスに考えられればよいのですが、自分に自信のない人は、いつも他人にどう見られているかばかりを気にして、他人からの評価が自分の価値のすべてであるかのように思い込んでしまいがちです。

他人の評価に一喜一憂して、神経をすり減らしていては、きりがありません。

人にバカにされたからといって、あなたの人間としての価値が下がるわけではないのです。

逆に、あなたが誰かのことをバカにしたからといって、その人の価値を下げることができるでしょうか。

そんなことは、不可能です。それと同じことです。

自分の値打ちは、自分で決めればよいのです。

人を愛し、愛されるためには、心が健全でなくてはなりません。自分に自信がなければ、他人を尊重することはできません。

「自信をもてることの何ひとつない人間は、どうすればいいのか」という反論があるかもしれません。

しかし、自信をもつということに、特別な根拠などいらないのです。

「自分は、この世の中でたったひとりの、かけがえのない存在である。だから、自分は、生きているというだけで値打ちがある」という理由でいいのです。

むしろ、「学歴が高い」、「容姿が美しい」、「金持ちである」などの、条件つきの自信などというものは、はかなく、虚《むな》しいものです。逆にいえば、「それを失えば、自分は価値がない」ということになってしまいます。

無条件に、自分は価値のある人間だと思うこと、それは、誰にでも可能なことです。

「どうせ自分なんて、何の値打ちもない」と、自分を卑下する人は、本当は、愛されたい、認められたいという願望が人一倍強い人です。

自分が他人から否定されることを怖れすぎて、先に自己否定することにより、けん制してしまっているのです。

厳しい言い方ですが、自信のない人というのは、控えめに見えて、実は、自分のことしか頭にない、ごう慢な人です。

「他人が変わらなければ、自分も変われない」と思っているから、そこで成長がとまってしまうのです。

まず、心のとらわれをはっきりと自覚し、そこから解放されなくてはいけません。

自信をもてばもつほど、他人を思いやる気持ちが生まれ、謙虚になれます。

「自分が大切」だからこそ、他人も同様に「自分が大切」だと考えていることを認めてあげられる、それが**健全な人間関係**というものです。

07
成功より、失敗した時うまく対処できるかが大事

「自分に自信がもてない」という人は、他人からの評価という「結果」ばかりを気にしすぎています。

仕事でも恋愛でも、「なぜ、自分はそうしたいのか」という本質を見失ってはいけません。

人は誰でも、自分の生きがいのために仕事をしているのであり、自分が恋愛をしたいからしているのであり、生きたいから生きているのです。

自分の人生を楽しんでいれば、他人の評価などたいして気にはならないはずです。

あなたが、会社の部下の誰かに重要な仕事を任せなければならない状況を想像してみてください。

いくら頭がよくても、「いやいやながらやっている」という態度をとる人に、重要な仕事を任せる気にはならないでしょう。はっきり言って、「嫌ならやめろ」と言いたくなります。

能力があるかどうかという以前に、少なくとも、「やる気のある人」をあなたは選ぶのではないでしょうか。

絶対に成功するという確証など、誰にもありません。仮にその部下が失敗しても、誠意をもって行った結果ならば、あなたは彼を責める気持ちにはならないはずです。

実際に成功するかどうか、ということは、二の次でいいのです。やる気があるかどうか、の方が評価に大きな影響を与えます。

恋愛の場合も同様です。

「彼女を幸せにできるかどうか自信がないから、結婚に踏み切れない」などというのは、「やる気がない」というのと同じことです。

一流企業でも、いつ倒産するかもわからない時代です。どんなに経済力のある人でも、ある日突然、妻子を路頭に迷わせることになるかもしれません。

「今、経済力があるか」ということよりも、「経済力を失った時、うまく対処できるか」ということの方が重要です。

たとえ今は順調な人生を歩んでいても、将来、いつどんな不運に見舞われるかわかりません。

絶対に成功するという保証など、できなくてもいいのです。

そんなことは誰にもできません。

保証できるのは、心からの誠意を示すということだけです。

成功したときよりも、失敗したときの対処の仕方で、その人の人間性がわかる

のです。

「能力」というものの9割は、「意欲」と「誠意」です。資格や経歴などに頼るよりも、やる気を見せることの方が、はるかに他人からの信頼を得やすいでしょう。他人から信頼されれば、ますますやる気が湧《わ》き、自分に自信がもてるというい い循環が自然に生まれます。


最後に念のため付け加えますが、何でもがんばりすぎる必要はありません。

人生は、楽しむために生きるものです。

がんばることが辛いと感じたなら、やはりどこかが間違っています。

「好きでやっているわけではない」などというのは、評価を怖れるがゆえの言い訳にすぎません。

自分が本当にやりたいこと、心からやりがいを感じることのためにエネルギーを使ってください。

08

自分を守ることばかり考えていませんか

自分に自信のある人ほど、謙虚になれるものです。

しかし、この「謙虚」を、単なる臆病と勘違いしてはいけません。本当の謙虚さの裏には、他人を思いやる気持ちが必要です。

単に、他人から否定されるのが怖いから、自ら先回りして「どうせ自分なんか」と自分を卑下する人は、謙虚でも何でもありません。むしろ、ごう慢であるとさえ言えます。

ことさらに「どうせ自分なんか価値がない」と強調する人は、他人から「そんなことはないよ」と否定してほしいと思っているのです。

無意識のうちに、他人の心を操作して、自分を認めてくれるように仕向けようとしているのです。

謙虚な人は、つねに自分をかえりみて、少しでも自分を改善しようと前向きに考え、行動しています。

対して、臆病な人は、いつも「自分が悪い」と言っているのですが、それは単に、他人から攻撃されないための防御にすぎないのです。

臆病な人は、自分を守ることばかり考えています。心の奥では、「悪いのは他人だ」と思っているのですが、はっきり言えない自分がふがいないから、巧妙に隠しているだけなのです。

ある男性は、仕事の失敗で多額の借金をかかえてしまいました。しかし、妻と小学生の子供には、「心配をかけたくないから」という理由で隠し続けていました。どんなにがんばっても返済できる額ではなく、男性はついに、窮して自ら命を絶ってしまいました。

それを知った妻は、「私は妻として、何の役にも立てなかった。私が夫の悩みに気づいてあげられれば、救うことができたかもしれないのに」と、自分を責めました。

夫が借金のことを妻に隠していたのは、妻を気遣う優しさでも何でもなく、ただ「自分の価値を否定されるのが怖かったから」にすぎません。結果として、妻をおおいに傷つけ、苦しめることになってしまったのです。

妻にとってみれば、正直に借金のことを打ち明けてもらい、「一緒にがんばってほしい」と言われたほうが、どれだけ気が楽だったことでしょう。

言いたいこともはっきり言えず、いつもビクビクしている人は、優しいわけではなく、**単に臆病なだけ**なのです。

他人を怖れている人は、他人に拒絶され、嫌われることを怖れています。

しかし、実はそういう「他人を怖れる態度」こそが、嫌われるもっとも大きな原因なのです。

「どうせ他人は、自分の弱点を非難し、攻撃するに決まっている」と、他人を敵視し、自分を守ることばかり考えている人を、誰が好きになれるでしょうか。

自分をさらけ出す人より、自分を隠す人のほうが、はるかに嫌われる可能性が高いのです。


泳ぐのが下手な人は、やみくもに手足を動かして、体力を消耗し、溺《おぼ》れてしまいます。水を怖れてもがくのをやめて、ふっと力を抜いてみれば、体は自然に浮くものです。

根拠のない怖れ、不安を捨て去ってみてください。

「他人は、自分の欠点もふくめて、すべてを受け入れてくれるのだ」と自分に言い聞かせてください。

それは、「他人を信じる」ということであり、本当の「謙虚」なのです。

他人を怖れていたときよりも、あなたは確実に他人に受け入れてもらえるはずです。

人間の感情は、そのまま反射して返ってきます。

他人に敵意を抱けば他人からも敵意をもたれ、他人を尊重すれば他人からも尊重されるものです。

第2の扉

どこへいっても
人付き合いにストレスを
感じてしまうあなたへ

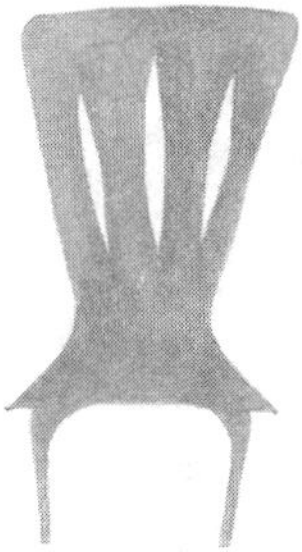

09 言いたいことがはっきり言えないあなたに

人間関係がうまくいかず、暗く落ち込んでしまうタイプの人にとって、もっとも大きなストレスの原因のひとつは、**「他人に言いたいことがはっきり言えない」**ということでしょう。

心の中にたまったもやもやが、重くもたれ、消化不良を起こしているのです。

気の弱い人は、歯に衣着《きぬ》せぬ物言いをする人に対して、「自分はこんなにもビクビクと他人のご機嫌をうかがって生きているのに、どうしてあなたは、言いたいことをはっきり言うことが許されると思うのか」という怒りを感じます。

しかし、その鬱屈《うっくつ》した不満さえも口に出すことはできず、せいぜい不機嫌を顔に表したり、無視をしたりするという対抗手段しかとることができず、そんなふがいない自分がますます嫌になってしまいます。

なぜ言いたいことが言えないのか、冷静に考え直してみる必要があります。「他人に言いたいこと」とは何なのか、紙に箇条書きにして整理してみてください。

その内容のほとんどは、他人への要求や批判などでしょう。

「どうしてこうしてくれないのか」

「もっと私を尊重してほしい」

「あなたのこういうところが嫌いだ」

そんなことを口に出すのはみにくいことだとわかっているから、言えないのです。

何でも思ったことをズバズバと言う人は、まわりの人を苛立《いらだ》たせたり、傷つけたりしていることを知らず、自分だけのほほんとしている、鈍感な人です。

言いたいことがはっきり言えないというあなたの性格は、悪いことではありません。

ただ、不満の処理の仕方が間違っていたのです。

誰でも知っている「北風と太陽」の話のように、他人に何かを力まかせに強要することは不可能です。

他人に自分の要求を直接訴えて、たとえ相手がしぶしぶ従ってくれたとしても、根本的な解決にはなりません。

違う考え方をもった他人に対して、私たちにできることは、「その人とどう付き合うか」という態度を決めることだけです。

「自分がどうしたいのか」がわからず、他人が変わることだけを求めるから、イライラするのです。

「言いたいこと」を他人にぶつけるのでもなく、我慢して抑え込むのでもなく、そのエネルギーを、自分を高める方向に向けてみてください。

まず、他人を褒めることから、「言いたいことを言う」練習を始めましょう。

ふだんから他人を認め、尊重していれば、たまに苦言を呈したとしても、相手は素直に聞き入れてくれるものです。

「言いたいこと」が他人への批判や要求だけなのだとしたら、受け入れてもらえなくて当然です。

自分の意見を主張するのが上手な人は、他人に反論するときは、「No」ではなく、「Yes, but ～」という言い方をします。

他人に対して不満を抱いたときは、相手を批判する前に、**「だから、自分はどうしたいのか」**を考えてみてください。

自分の権利と同等に他人の権利も充分に尊重して勘案し、相手との関係を改善するために、本当に相手を批判すべきだと思えば、その時は批判するもよし。

自分の素直な気持ちに従うということが大切です。

心を抑圧するのが、一番よくないことです。

同じ行動をとるにしても、いやいやながらするのと、自分の意思でするのとでは、大きな違いがあります。

食べ物と同じように、ストレスも、よくかみくだけば、うまく消化し、排泄《はいせつ》できることでしょう。

10
特別な状況を一般化していませんか

高所恐怖症の人は、ビルの高層階で、完全に閉め切った窓から外を見るだけでも、足がすくんで腰を抜かしてしまいます。

絶対に落ちる危険のない状況なのに、いったい何に対して怖がる必要があるのかと、普通の人は疑問に思います。

建築途中のビルの鉄骨の上を渡れと言われれば、高所恐怖症の人でなくとも、誰でも怖いはずです。それは現実に落ちる危険があるからです。

本当に危険なことを怖れるのは、人間の防衛本能として当然のことです。

しかし、不安の強すぎる人は、危険性のあるものとないものを区別せず、似たような状況のものを何でも一緒くたにして怖がってしまっているのです。普通に生活していて、高い所から落下するなどという危険な目にあうことは、まずありません。よほど特別な状況です。

高所恐怖症の人は、特別な状況を一般化して、「高い所」イコール「怖い所」という不安にとらわれてしまっているのです。

他人と付き合うのが怖いという人は、ある特定の人からひどく傷つけられた経験をしたために、「他人は皆、自分を傷つけるに決まっている」と思い込んでしまっています。

もちろん、世の中には、平気で他人を傷つける心無い人もいます。傷つけられれば、誰だって悲しいし、つらいものです。

しかし、だからといって、「すべての人は心が冷たい」と一般化するのは間違っています。**善《よ》い人もいれば悪い人もいる、というだけのことです。**

悪い人に傷つけられたなら、運が悪かったと思って、今度はできるだけ善い人を選んで付き合うようにすればよいのです。

劣等感の強い人は、他人から批判されることを極度に怖れます。

他人が善意でその人の間違いを指摘してあげたとしても、その内容については問題にせず、ただ「批判されるということ」を怖れ、腹を立てます。

過ちを指摘されたからといって、**自分の全人格を否定されたわけではありません。**

ただ過ちを指摘された、というだけのことです。

すべての点において完全に正しいという人はいませんし、完全に間違っているという人もいません。

「良いところは良い、悪いところは悪い」と区別して考えればよいのです。

人生には、嬉しいこともあれば悲しいこともあります。

好かれることもあれば嫌われることもあります。

「**たまたま**悲しいことがあった」、「**たまたま**ある人に嫌われた」という特別な状況を一般化して、それがすべてであるかのように考えてはいけません。


ふだん自分が不安を感じていることについて、それが本当に危険なものであるのかどうかということを改めて検証し直してみてください。

本当の危険からは身を守らなければなりませんが、案外、「閉め切った窓から落ちることを怖れる」ように、**自分の勝手な思い込み**である場合も多いはずです。


危険なこととそうでないことをきちんと区別する習慣が身につけば、怖いものはほとんどなくなるはずです。

死ぬほどの恐怖を感じる危険など、一生のうちでそう何度も遭遇するものではありません。

11 孤独を楽しむ人こそ、多くの友人に囲まれる

携帯電話とプリクラが、特に若者の間で急速に普及した背景には、大きな共通項があります。

携帯電話もプリクラも、「自分には、友達がたくさんいて、楽しい人生を送っているのだ」と見せかけるための小道具であるという点です。

携帯電話のメモリーに何件の友人の名前があるか、どれだけ多くの友人とプリクラ写真を撮っているか、が自分のステイタスの象徴なのです。

また、友人の前で、「私の友人は、別にあなただけじゃないのよ」と見せつけて優越感に浸ることもできます。

逆に、「自分だけが持っていなければ、**友人の少ないつまらない人間だと思われるのではないか**」という不安を抱いてしまっています。

もう、無意味な意地の張り合いはやめにしましょう。交友を広げること自体が悪いというのではありません。ただ、必要以上に広げすぎることは、まったく意味のない、虚しいことです。**ひとりの人間が付き合える範囲には、限度があるのです。**

高校生の電話代が月に一万円以上もかかっているなどという話を聞くと、胸が痛むほどの悲しみを覚えてしまいます。

街じゅうで鳴り響く携帯電話の着信音は、「淋《さび》しい、淋しい」という泣き声のように聞こえます。

他人と腹を割って向き合うのが怖いから、ますます携帯電話やメールに頼り、見えない相手と意味のない会話をやり取りして、「私たち、孤独なんかじゃないよね」と必死で互いを慰め合っています。

コミュニケーションの道具であるはずの電話が、人間同士の本当のつながりを希薄にしています。

そのうち、機械を通さなければ他人と会話ができないという人がでてくるのではないでしょうか。

本来、人間は、他人の目付きや顔色や声の調子から、相手が何を考えているかを想像し、相手との距離の取り方を学んでいくものです。

電話会社のCMで、家族や恋人たちが携帯電話やメールで「心を通い合わせている」姿を見るたびに、私は疑問に思います。

「そんな大切なことを、なぜ会ったときに直接言わないのか」と。

仕事でどうしても必要というのでなければ、思い切って、携帯電話を捨ててみ

ません か。

それで友人が離れていくなら、そんな友人は放っておいて結構です。もともと、本当の友人ではなかったのですから。

はじめのうちは、やり場のないほどの孤独を感じることでしょう。しかし、それでいいのです。

これまで意識の奥に封印してごまかしてきたことを、ようやくはっきりと実感した、というだけのことです。

いくらごまかしても、どうせ孤独は孤独なのです。

今こそ、自分の心と正面から向き合い、自分と対話してください。

怖れることはありません。自分の孤独を認めることで、あなたが不幸になることは絶対にありません。

むしろ、表面的な人付き合いで孤独をまぎらわしている人の方が、よっぽど不幸です。

やみくもに他人を求めず、孤独を楽しんでいる人の方が、かえって他人から必要とされ、多くの友人に囲まれることになるのです。

そういう人は、**他人にあれこれ要求しないので、付き合う側も楽なのです。**

人付き合いとは、不安に突き動かされてするものではなく、純粋に喜びのためにするものです。

あなたは、人付き合いを心から楽しんでいますか？

自分の胸に正直に問いかけてみてください。

12 内向的なのは悪いことじゃない

世の中は、外向的な性格の人が、とかくもてはやされます。

自己主張の強い者の勝ち、という考えが広まっており、内向的な性格の人は、何となく隅に追いやられ、肩身の狭い思いをさせられてしまっているようです。


もちろん、外向型の人は、それはそれで、大いに結構なことです。

しかし、それと同じように、内向的な性格にも、よい面はたくさんあるのです。

外向型の人は、パフォーマンスが派手で、目立つので、注目される機会が多いというだけのことなのです。

世の中のおよそ半分の人は、内向型でしょう。

内向型の人は、外向型の人に対して、つい引け目を感じてしまいがちです。

恋愛や人付き合いにおいても、消極的になってしまい、取り残されたような気になってしまうでしょう。

しかし、内向型が外向型に劣るなどということは、絶対にありません。

そもそも、そのように、いつも自分を反省する態度こそが、内向的な性格の特徴といえます。

外向型の人は、よくいえば楽天的、悪くいえば思慮が足りないのです。

内向型の人が、無理をして、外向型の人のように陽気にふるまう必要はありません。

性格というものは、自分の価値観の必然の結果なのです。

他人の目を気にしすぎて、自分を見失ってしまうところが、内向型人間の悪い癖です。

外向的な性格の人は、交友も広く、多くの人の人気を得ているように思われますが、実際は、軽く見られ、「深く付き合う相手ではない」と思われてしまっていることも多いのです。

どんなに友人が多くても、そのうち、真の親友というものは、せいぜい数人しか作れないのですから、同じことです。

あるテレビショッピングの会社では、ＣＭに出演する役者に、わざと、口下手な人を起用するそうです。

口の達者な人が流ちょうに説明するより、口下手な人が、下手なりに懸命に説明する方が、視聴者の信頼を得られると考えているからだそうです。

「信頼を得る」という点では、内向型の人の方が、外向型よりも断然、有利です。
また、芸術の分野で成功する人は、何でも深く突きつめて考える内向型の人が、圧倒的に多いのです。

外向型と内向型の双方の長所と短所があいまって、人間の社会はバランスが取れています。

内向型の長所を最大限に生かす努力をしましょう。
きっと、理解してくれる人はいます。
自分を偽ってまで、他人に合わせることはありません。

13 大人だって素直に甘えていい

子供のころに親に充分に甘えさせてもらえなかった人は、大人になって人格にさまざまな問題が生じてきます。

「もっと甘えさせてもらいたかったのに」と、心にしこりを残しながらも、大人になれば甘えは許されないのだ、という葛藤《かっとう》に苦しみます。

その結果、甘えたい欲求の反動で、他人に心を閉ざしたり、攻撃的になったりしてしまいます。

しかし、**人間は誰でも、他人に甘えながら生きているのです。**

甘えることは恥ずかしいことではありません。甘えを自覚していないことの方が、よっぽど恥ずかしいことです。

「甘える」と言っても、恋人同士が猫なで声でじゃれ合うのとは、少し意味が違います。

大人としての責任や義務を放棄して権利ばかりを主張する、いわゆる「甘ったれる」のとも違います。

ここでいう「甘え」とは、「他人と互いに依存し合って生きているということを自覚する」ことです。

人間は誰でも、他人との関わり合いの中で生きがいを見出して生きています。

無人島で一生ひとりぼっちで生きていかなければならないとしたら、何の喜びも感じられないでしょう。

人は、他人に依存しなければ生きていけないのです。

暴走族は、決して街外れの人のいないところで暴走行為をしたりしません。必ず、人の目に付くように行います。

社会に背を向け、世間を敵に回すのであれば、自分たちだけで好きなように生きていけばいいものを、結局はそれだけの強さもなく、社会との関わりの中でしか自己を認められないのです。

他人に迷惑をかけることで、姑息《こそく》な優越感を得ています。すなわち、大いに他人に依存し、甘えているのです。

妻に暴力をふるう夫も、甘えています。

普通、赤の他人に暴力をふるえば、警察に捕まり、罰せられます。妻だから許してくれる、と甘えているのです。

許されることで、自分が受け入れてもらっているという錯覚を起こしています。

家出や非行を繰り返す少年少女も、まわりの人間がどこまで自分のことを真剣に心配してくれるかを試しています。

わざと問題行動を起こすことで、「こんなにまで傷ついた自分の気持ちを誰かに理解してほしい」と望んでいるのです。

店員に偉そうにする客や、会社でふんぞり返っている上司も、本当は劣等感が強いから、立場上自分に逆らえない人間に対していばることで、ちっぽけな自尊心を保っています。

いくら偉そうにしたくても、無人島でひとりきりでは、偉そうにできません。自分を誇示する対象としての他者を必要とするのです。

他人をバカにしておきながら、実は、「偉そうにさせてくれる相手」として、他人を必要とし、依存しているのです。

(自分に偉そうな態度をとる人に対しては、「この人は、自分に認めてほしくて甘えているのだな」と思っておけばよいでしょう)

どんなに強がっていても、いばっていても、人は誰でも、他人に甘えて生きています。

人格に問題のある人は、その甘え方が下手なのです。

「自分は誰にも甘えることなく生きている」という人がいたら、それは思い上がりです。ただ甘えを自覚していないというだけのことです。

そういう人は、他人の甘えも許すことができません。自分は他人に依存しておきながら、他人に感謝する気持ちもありません。


大人だって、素直に甘えていいのです。「甘えたい」という欲求を素直に自覚することで、多くのストレスや悩みは解決するでしょう。

自分を他人に受け入れてもらうかわりに、自分も他人を受け入れてあげる、それが人間関係の基本です。

上手に他人に甘え、また他人にも甘えさせてあげましょう。

14 他人に受け入れてもらえないという不安

人は、生きていく上でさまざまな役割を演じなければなりません。

デパートの店員は、わがままで横柄な客に対してどんなに腹が立っても、口答えすることはできません。店員は店員の役割を演じなくてはならないのです。

部下の前では上司を演じ、家に帰れば妻の前では夫を演じ、子供には父親を演じます。

誰にでも自分に課せられた役割、立場があるので、ある程度は個人的な感情を排して演技をしなければならないのは、仕方のないことです。

小学生でも、家の中と学校とでは態度を変えています。先生の前では生徒を演じているといえます。

しかし、立場上やむをえない場合は別として、大切な恋人や配偶者、友人などの前では、「役割を演じる」ことはなるべく控えた方がよいのではないでしょうか。人がなぜ演技をするのかといえば、その方が損害が少ないという打算が働いているからです。

デパートの店員が客に逆らえば、後で上司に叱責《しっせき》されたり、悪くすれば降格やクビになったりする可能性があります。自分の職務上の立場を危うくするより、感情を抑えて演技をする方がましだと考えるのです。

同じように、彼氏の前で「よい彼女」を演じたり、妻の前で「よい夫」を演じたりするのは、「自分が嫌われる」、または「世間体を悪くする」という損害をできるだけ少なくするためです。

恋人や配偶者に対して、「私はこんなに気を遣っているのに、相手はまったく私の愛情に応《こた》えてくれない」と嘆いている人は、単に相手の前で「よい彼氏」や「よい妻」を演じているだけなのです。

自分が嫌われたくないから、不満があっても腹にため込み、相手の前ではいい顔をするということは、「気を遣う」ことではありません。

そういう人は自分を優しい人間だと思い込んでいますが、それは**ただの「臆病」であり、優しさではありません。**

本当の意味で「気を遣う」というのは、相手の人格を理解し、それに合わせた接し方をするということです。

たとえば、落ち込んでいる人を励ますにも、その人の性格や今の気持ちなどを充分に考慮しなければなりません。

厳しい言葉で一喝されれば、「なにくそ」と奮起する人もいますし、逆にますます自信を喪失してしまう人もいます。優しい言葉で慰めてほしいという人もいますし、黙って見守ってほしいという人もいます。

相手の立場で考えるということが、「気を遣う」ということです。

それを理解せず、ただ「優しい自分」を演じている人は、相手のことなど真剣に考えておらず、「私はこんなに優しい人間ですよ」ということを一方的にアピールしているだけなのです。

そういう人は、結局、幸せを求めているのではなく、他人から幸せだと思われることを求めており、不幸を怖れているのではなく、他人から不幸だと思われることを怖れているだけなのです。

演じるという行動は、「自分は他人に受け入れてもらえないのではないか」という不安から生まれます。

それらの不安のほとんどは、自分の勝手な思い込みなのです。

いくら演じ続けても、ますます不安にしばられるだけで、永久に幸せは得られません。

演じることをやめて、本当の自分の心の声に耳を傾けてみてください。

幸せは、他人の評価で決まるものではなく、自分の心で感じるものです。

人間が生きる喜び、充実感を感じられるのは、自然のままの自分の感情を表せる状態のときなのです。

15 自分の心を知れば、他人の心がよくわかる

人付き合いに不安を感じるのは、他人の心がわからないからです。
他人の心がわからないという人は、自分の心がわかっていない人です。

まず、はっきりさせておかなければならないことは、「他人の心を完全に知る」ことなど誰にも不可能だということです。

同様に、自分の心を完全に他人に理解してもらうことも不可能です。
自分の悲しい体験を、ある友人が心から同情してくれたとしても、やはりその友人本人が体験をしたわけではないのですから、まったく同じ悲しみを共有して

いるわけではないのです。

言うまでもなく、心は形のないもので、目には見えません。自分の心は自分しか所有することはできず、他人と共有することはできません。人間とはそういう孤独な存在であるということを認めなくてはなりません。

他人の心を読むというのは、あくまで、「自分が相手の立場なら、こう考える」と想像することにすぎないのです。

そして、この**「想像するにすぎない」**というところが重要な点です。

自分の心がよくわかっている人は、他人の心もよくわかります。

「自分がしてほしいことを他人にもしなさい。自分がされたら嫌なことは他人にもしてはいけません」とは、よく言われることですが、これも、自分の心がわかっていなければできないことです。

真の喜びを知らず、虚栄心や自己顕示欲だけで生きている人は、他人にも喜びを与えてあげることはできません。自分が心から楽しめることがないのですから、他人が喜ぶことなど想像できないのです。

他人の何気ない言動さえも悪意に受け取ってしまう人は、「自分なら悪意をもってそうする」から、他人も悪意があるに違いないと思っているのです。

自分が恋人から愛されているということを確信できない人は、自分が相手を心から愛していないのです。「自分が、いつか相手を裏切るかもしれない」と思っているから、相手も同じだろうと思ってしまうのです。

他人をバカにする人は、自分がバカにされることを怖れています。

「仕事ができない奴だ」と他人をバカにする人は、自分が仕事ができない人間だと思われることを怖れています。

貧乏人をバカにする人は、「お金がなければ自分は何の価値もない人間だ」という劣等感をもっており、富を失うことを怖れています。

他人をわざと無視する人は、自分が他人から見捨てられることを怖れています。

つまり、他人をバカにする人は、「自分が怖れていることは、他人も同じように怖れているだろう」と考え、相手を効果的に傷つけるために、そういう行動をとるのです。

他人をバカにするのは、自分の劣等感を暴露しているのと同じことです。

「他人をどう思うか」ということから、「自分がどういう人間か」がわかります。

自分の心を知るということが、「人間を知る」ということです。

自分の心さえはっきりわかれば、どんな性格の人の心も想像できるようになり、人間関係においてよけいな不安を感じることは少なくなるはずです。

16 人間は「わけのわからないもの」に不安を感じる

ある日、私が電車に乗っていたとき、駅に着いてもいないのに、走行中に突然停車しました。「停止信号が出たため」という車内アナウンスがあっただけで原因はわかりません。

一分たち、二分たち、乗客たちはいらいらとざわめき始めました。車掌に大声で詰め寄る人もいました。

やがて、電気系統のトラブルのため、しばらく停止するというアナウンスが流れました。原因がわかると、ざわついていた乗客たちも静かになりました。

原因がわかったところで、走行の再開が早くなるわけではなく、待たされる時間は同じであるのに、乗客たちの怒りや不安はおさまったのです。

人間は、「わけのわからないもの」に怖れを感じます。

人付き合いに不安や怖れを感じている人は、まず、その原因を明確にすることから始めてください。

なぜ自分はそういう性格になってしまったのか。子供のころを振り返って、自分の人格に影響を与えたと思われる人の名前を挙げていってみてください。

原因がわかっても、現実やまわりの環境がすぐに変わるわけではありません。しかし、それでよいのです。

少なくとも、原因がはっきりすれば、「わけのわからない不安」はなくなり、自分を見つめ直すきっかけになります。

やはり、人格にもっとも大きな影響を与える存在は、親でしょう。

子供は、ひとりでは生きていけません。親や、自分を保護してくれる大人の存在がなくては、食べていくことはできないのです。

感情的な親、神経質な親、ときには暴力的な親であっても、子供は親に合わせ、従うしかありません。親と対立するということは、自分の生命を脅かすほどの恐怖なのです。

感情を抑圧され、人のご機嫌を伺い、いつも不安や罪悪感を感じている性格になってしまったとしても、それは自分の生命を守るために仕方のなかったことです。

そうしなければ、生き延びてこられなかったのです。

子供のころは、仕方がなかった。それはそれとして、大人になれば、やはり自分の生き方に対する責任は自分で負わなくてはなりません。

「自分は不運な境遇に生まれたのだから、特別扱いされるべきだ」という甘えをまわりの他人に押しつけても、結局、他人との溝を深め、自分をますます不幸に追い込むだけです。

完璧な親などほとんどいません。親に対して何らかの不満や反感をもっている人の方が、むしろ多数派なのです。

程度の差はあっても、誰も、よい意味でも悪い意味でも**特別なんかではありません。**

「自分の悲しみ、苦しみを心から理解してくれる人が現れてくれて、はじめて自分の本当の人生が始まる」などと考えていては、一生、前に進むことはできません。

「つらかったね」と、自分が自分を理解してあげれば、それでよいのです。

自分の一番の理解者は、やはり自分しかいないのです。

他人が自分の人生を代わりに生きてくれるわけではないのですから。

大人になれば、どんな仕事に就いていても、ひとりの力で生きていくことは可能です。もはや、人とのかかわり方が生命を脅かすこともなく、子供のころの恐怖を引きずる必要などないのです。

たまたま故障した電車に乗ってしまったことは、自分の責任ではありません。ちょっと運が悪かっただけ。少しぐらい遅れたことなど、長い人生の中で考えれば、たいしたことではないではありませんか。

もう電車は走行を再開しているのです。

過去にいつまでもこだわり続け、自分の人生を台無しにするか。これからの人生を自分でつくり出していくか。

どちらが得か、答えは明白です。

17 大人になれば、嫌いな人と付き合わなくてもいい

「自分が自分でないような感覚」を訴える人は、少なからずいます。

人の輪の中に入って話をしていても、「楽しそうに見せなければならない」という義務感が先に立ち、上《うわ》っ面《つら》だけの笑顔を見せるだけで、心から楽しめない。

「人生の目標をもたなければ」という意識はあるが、自分が何がやりたいのか、何を楽しいと思うのかさえわからず、ただ焦るばかりで、何も行動を起こせない。

自分が嬉しさ、楽しさを感じる前に、「どういう感情、思考を抱くことを他人から要求されているか」を読み取ってしまい、それに合わせてしまうのです。

しかし、それは**自分の勝手な思い込み**で、本当は、誰もそんなことは要求していないのです。

そういう人たちは、映画や音楽は「ヒットしているもの」を鑑賞し、洋服は「人気のあるブランド」のものを買い、レストランは「雑誌やテレビで紹介されていた店」を選んでしまいます。

自分の判断基準がなく、「まわりの人がそうなのだから、自分もそうでなければならない」と思ってしまいます。

自分で車を運転しているのではなく、他人が運転している車の助手席に乗せてもらっているだけで、どこへ行くのかも、事故にあうかあわないかも、まるで他人まかせのように考えています。

結局、何をしても、心から楽しめることがないのです。

はっきりとした自分の感覚をもつには、まず**「好き嫌いをはっきりさせる」**ことから始めてください。

誰にでも好きなもの、嫌いなものがあり、好きな人、嫌いな人がいます。

幼稚園や小学校では、「誰とでも分けへだてなく仲よくしましょう」と教わりますが、**大人になれば、無理をして嫌いな人と付き合うことはありません。**

そんなことでストレスをため、心をすりへらすなんて、もったいないことです。

もちろん、職場や近所の付き合いなどで、顔を合わせずにはすまない相手もいますが、少なくとも、つくり笑いでへつらう必要などないのです。

心の底から「私は、世の中のすべての人と仲よくしたい」と思っているならば、それはそれで結構ですが、そんな聖人のような人はまずいないでしょう。

ほとんどの人は、無理をして「理想的な自分」を演じているだけなのです。

無理をやめて、嫌いな人とは事務的に、最小限の付き合いをし、あまったエネルギーを好きな人との付き合いに使えば、人生はより豊かになります。

好き嫌いをはっきりさせることは、決してわがままではありません。自分の素直な感情を抑圧することのほうが、よっぽど精神によくないことです。

他人に不愉快な思いをさせたり、迷惑をかけたりしてまで、単に自分の利益のためだけにわがまま勝手を言う人は、そんな自分を好きになれるはずがありませんから、本当に自分に素直にはなっていないのです。

自分に素直になるということは、必ず、自分も、まわりの他人も幸せになる方向に向かわせるはずです。

18 他人の気持ちが想像できない人は愛されない

私は、よく図書館にいきますが、いつも残念に思うことは、カウンターで本を借りる手続きをする人のほとんどが無言であるということです。

図書館の職員さんたちは、「お待たせしました、次の方どうぞ」、「はい、カードをお返しします」などと、民間サービスのように丁寧に応対してくれます。

それに対して、借りる人の八割以上は、まるで機械を相手にするかのように、黙ってカードと本を差し出し、また黙って受け取って去っていくのです。

ただで本を貸してもらっているのですから（間接的に税金を払っているとはいえ）、「お願いします」の一言ぐらい言えばお互いに気持ちがいいのに、と思います。

ひと頃、電車の中で化粧をする女性についての議論がありましたが、最近は議論をするのもばかばかしくなったのか、あまり話題にのぼらなくなりました。

化粧というものは、人前に出るためにするものです。

電車の中で化粧をする人にとって、「自分と関係のない赤の他人は、人間ではない」とみなしているということになります。電柱か石ころと同じだとでも思っているのでしょう。

公共の場で、他人の存在を無視し、あたかも自分の部屋にいるかのように振舞っていることが、周囲の人たちにとっては不愉快なのです。

電車の中で化粧をすることが、「他人に迷惑をかけているわけではない」というのなら、電車の中で裸になることだって許されるということになってしまいます。

目に見える実害を与えなくても、他人に不快感を与えることは、やはり迷惑なのです。

電車の中で携帯電話で大声でくだらない話をする人や、ウォークマンをシャカシャカ鳴らす人たちも、「自分だけの世界」にこもり、関係のない他人のことなど存在しないも同然だと思っているのです。

他人の気持ちを想像できない人に、人を愛することはできません。

私たちは毎日、直接かかわらなくても、多くの人と接しながら生きています。通勤電車で乗り合わせる人や、スーパーの店員さんも、見知らぬ他人ではあっても、電柱や石ころではなく、生きている人間です。

「他人の立場になって考える」ということは、あらゆる場で実践可能なのです。

私が通っている近所のコンビニでよく見かける年配のご婦人は、買い物をした後、店員さんに向かって、「いつもありがとう。お世話さん」と言って帰ります。お金を払う客は、店員より立場は上なのですから、そんなに気を遣う必要はないのに、そういう時にこそ相手を尊重できる人が、真に心の豊かな人なのでしょう。

私も見習いたいと思うのですが、なかなかそこまで言う勇気がなく、せめて値段を言われたら「はい」と返事し、お釣りをもらう時にも「はい」と返事をすることにしています。

他人を尊重することは、自分の自尊心を満たすことでもあるのです。とても気持ちのいいことですから、ぜひ今日から実行してみてください。

お店の店員や、会社の部下など、自分に逆らえない立場の人に対して偉そうにするのは、バカでもできます。そんな人は偉くも何ともありません。スーパーやコンビニの店員さんだって、自動販売機ではなく、血の通った人間です。むすっと黙って買い物をするのは、失礼ではないでしょうか。

自分が偉そうにできる立場の時にどういう態度をとるかで、その人の人間性がわかるのです。

人間関係で過剰なストレスをためる人は、他人の気持ちが想像できない人です。好きな人の前でだけ格好をつけて優しい人間を演じ、関係のない他人には冷たい態度をとる人は、いずれメッキがはがれてぼろが出ることでしょう。

また、恋人や配偶者が、「自分をどう扱ってくれるか」ということよりも、**「他人にどう接しているか」**ということに気をつけてみれば、その人の本性を知る上で重要な手がかりとなります。

ふだんから、見知らぬ他人との接し方にも気をつけたいものです。

19

感情は伝染する

痛みという感覚は、苦痛ですが、人間がけがや病気を察知するために、絶対に必要なものです。

痛みがなければ、人間は自分の体をいたわることを忘れ、結果として寿命を縮めてしまうことになるでしょう。

痛みとは、人間を苦しめるためではなく、少しでも長く生かすために与えられたものなのです。

不安というものも、人間が将来に起こりうる危険を予測し、回避するために必要な能力です。

しかし、人間の心を苦しめるのもまた、この不安です。

不安はまさに両刃の剣です。不安をうまく活用するか、不安に負けてしまうかが、その人の人格を大きく左右します。

他人とうまく付き合えない人は、不安が強すぎる人です。

好きな人ができても、「人を愛する喜び」を感じる前に、**「嫌われたらどうしよう」**ということを考えてしまいます。

そういう人は、「相手を喜ばせることをしてあげなければ、自分は受け入れてもらえない」と思い込んでしまっています。

もちろん、他人が喜ぶことをしてあげるのは、いいことに違いありません。おおいにすべきです。

しかし、それは純粋に喜びのためにするのであって、「喜ばせなければ不安だから」という理由でするのでは、意味がありません。

間違った思い込みを今すぐに捨ててください。

他人を喜ばせることをしなくても、あなたは受け入れてもらえるのです。人間には誰にでも、その価値があります。

「相手を喜ばせなければいけない」という考えは捨て、まず、あなた自身が楽しむことです。

あなたが他人との付き合いを楽しめば、きっと相手も楽しいはずです。あなたが不安ばかりにとらわれていては、相手も楽しくありません。

感情は伝染するものなのです。

「自分はどう思われているか」ということばかり気にかけることで、他人からうとましく思われることはあっても、よけいに好かれるということは、絶対にありません。

自分に自信のある人は、なぜ不安を抱かずに人と付き合えるかというと、**「他人にどう思われるかということは、たいして気にかけていない」**からなのです。

当たり前のことですが、これはとても重要なことです。

それ以外の点では、自信のない人と何も変わりありません。特殊な才能があるわけでも、価値が高いわけでもありません。

自信のある人は、「自分は絶対に誰からも嫌われることはない」などとは思っていません。

「たとえ自分を受け入れてくれない人がいても、自分の価値が下がるわけではない」と考えているのです。

幸せな人とは、自分の喜びのために生きている人です。

真の幸せ、生きる喜びというものは、周囲にも伝わり、他人をも幸せにします。

そしてまた、他人の幸せが自分に返ってきます。

幸せを追い求める必要はありません。

あなたという存在そのものが、幸せなのです。
ただ、それに気づくだけでいいのです。

第3の扉

愛することに臆病になっているあなたへ

20 自分の欠点を認めることから、はじめよう

何らかのコンプレックスをもっているために、恋愛に対して積極的になれない、という人も多いでしょう。

しかし、コンプレックスは、はっきりと自覚していれば、悪いことではありません。

むしろ、人間として正常な心理状態といえます。

いい部分も悪い部分もひっくるめて、それがひとつの人格なのです。

「欠点があること」よりも問題なのは、**「欠点を認めないこと」**です。

自分の欠点を認めようとしない人は、

（１）他人の欠点も許すことができません。
（２）いつも不機嫌で、近寄りがたい人という印象を与えてしまいます。
（３）自分の欠点を隠すことに精一杯で、成長がありません。

人間であれば、誰でも欠点をもっています。

おのおの、その種類が違うというだけのことです。

皆、互いに許し、許され合っているのです。

「欠点があるから恋愛ができない」のだとしたら、世の中の誰ひとりとして恋愛などできないでしょう。


悪意のない欠点であれば、無理に直そうとする必要はありません。

自分を否定しようとすると、かえって自己嫌悪が強まり、ますます自信をなくしてしまうという悪循環に陥る可能性があります。

素直に欠点を自覚しさえすれば、それでよいのです。

笑い飛ばすことができれば、もっと理想的です。

「他人は、それほど自分のことなど気にかけてもいないのだ」と、気楽に考えましょう。

取りつくろい、飾った姿の自分を誰かに愛してもらったとしても、何の意味もありません。

今度は、幻滅されることへの不安におびえなくてはならなくなります。

何より、あるがままの自分を受け入れることです。

自分を好きになれば、欠点など知らないうちに直ってしまうか、まったく気にならなくなるか、いずれにしても、自然によい方向に向かうことでしょう。

21
他人に期待することをやめよう

他人に対して、期待をしてはいけません。

そう言うと、何だか冷たいことのように思われそうですが、そうではありません。

親友や恋人を信頼し、尊敬し、感謝するのはよいのですが、期待をするのはよくありません。

他人に期待するとは、「自分に何らかの利益をもたらしてくれることを当然のように要求する」ことです。

親友なら、恋人なら、こうしてくれて当然である。——そういう考え方が、結局は自分を苦しめます。

信頼していた恋人に裏切られた時、人は大きなショックを受けます。

しかし、そういう時こそ思い出してください。

あなたは、なぜその人と付き合っていたのですか。

誰かに強制されたわけではありません。見栄や義理のためでもありません。

もしそうなら、そもそもそれは本当の愛ではなかったのですから、真剣に悩む必要もありません。

自分が付き合いたいから、付き合っていたのです。自分の頭で判断し、付き合う価値があると見込んだから付き合ったのです。

付き合ってくれた相手に感謝こそすれ、うらむ理由があるでしょうか。


他人に期待をしてはいけません。

それは決して、人間不信や悲観主義にもとづく考えではありません。

他人に何かを要求することの方が、よっぽどみにくく、あさましい考え方です。

「私のこと好きなら、もっと気をつかってよ」

「俺のこと好きなら、言うとおりにしてくれ」

そのような言葉を吐いたことはありませんか。

「自分のことを好きなら～」という条件付きで相手に何かを要求するのであれば、嫌われればそれで終わりです。

しかし、そういう人にかぎって、嫌われれば今度は相手をうらむのです。

いずれにしろ、他人というものを「利用価値があるか、どうか」という見方しかしていないのです。


もし、あなたが愛する人に裏切られて傷ついているなら、自分に言い聞かせてください。

「私は、自分が愛したかったから、あの人を愛したのだ」と。


幸せを感じている人は、まわりのすべての人から理解されているわけではあり

ません。

「他人は自分を理解してくれなくて当然、してくれた人には心から感謝しなければならない」と考えているだけです。

不幸な人とは、「他人は自分を理解してくれて当然、してくれない人には怒りを感じる」と考えている人です。

「当然」か「不幸」かしかないのですから、いつまでたっても幸せになれるはずがありません。

22
真剣に愛する相手は ひとりかふたりで十分

孤独を感じたときには、誰かにそばにいてほしい、と強く願うものです。

しかし、淋しいからという理由で恋愛を始めても、長続きする見込みはあまりありません。

淋しいときに恋人を求めても、自分と同じように**淋しい人しか寄ってこない**ものです。

淋しい人同士が一緒にいても、孤独感を癒すことはできません。逆に、ますます淋しさを増すことになってしまうでしょう。

両方が、「もっと自分を認めてほしい」と要求しあうので、いつまでたっても心は満たされず、ついには互いを責め合う結果となってしまいます。

孤独感は、逃れようとすればするほど、大きくなります。

私たちは、孤独と正面から向き合うしかないのです。うまく付き合えれば、孤独は楽しいものです。

自分だけが孤独なのではありません。

人間として生まれた以上、孤独は、誰にとっても避けられない宿命です。

孤独な人間だと思われたくないばかりに、必死で友人や恋人とのつながりを求め、嫌われないように気を遣い、携帯電話やメールでひんぱんに連絡を取り合い、「楽しそうな人生を送っている私」を演じながら、心の中はへとへとに疲れている、という人の何と多いことでしょう。

焦って始めた恋愛は、ほとんど失敗に終わります。

恋愛経験の多さを自慢する人がいますが、それは、**同じ数だけ恋愛に失敗しているということなのです**。そんなことは、たいした自慢にはなりません。

一生のうち、真剣に愛する相手は、**ひとりかふたりいれば十分**です。


孤独を感じたときこそ、自分を見つめ直すチャンスです。

孤独の楽しみを知っている人は、人間として深みがあり、他人とも、表面的でない、親密な関係を築くことができます。

いつも誰かと一緒にいたり、携帯電話やメールで連絡を取り合ったりしていなければ安心できないのであれば、それは本当の友情や愛情ではありません。

「ひとりでも楽しいけれど、ふたりならもっと楽しい」という関係が、もっとも長続きするでしょう。

孤独を楽しめるようになれば、心に余裕が生まれ、自然に、必ず、よい恋愛にめぐりあうことができます。

23 ほしくてたまらないときこそ、与える側にまわろう

もし、あなたがお金に困り、心に余裕をなくしているなら、持っているお金のほんの一部でも、慈善団体に寄付してみてください。
もし、あなたが信頼していた人に裏切られて人間不信に陥っているなら、地域のボランティア活動などに参加して、無償で人のために尽してみてください。

何かを失ったとき、人はそれに執着してしまいがちです。
失ったものを取り戻すことにばかり心を奪われ、視野が極端に狭くなってしまいます。

人が何かに飢えているときは、「自分のことしか考えられない人間」になってしまっています。

自分だけが不公平に損をしていると思い、他人が妬《ねた》ましく思え、他人の不幸を願うようになります。

また、他人を傷つけたり、何か罪を犯したりしても、「自分は不当な扱いを受けてきたのだから、これぐらいのことをしても許される」と、当然の権利のように正当化してしまいます。

心が貧しくなり、人を思いやる気持ちも、与えられた恵みに感謝する気持ちもなくなってしまっています。

つらい時、苦しい時というのは、神様に試されている時です。

神様は、喜びを与えるに値する人間をじっくり選別しているのです。捨て鉢な行動を起こす人間に対しては、その愚かさに自ら気づくまで、手を貸さずに辛抱強く見守り続けます。

神様から「こいつは、なかなか性根のすわったやつだ」と思われるよう努力すれば、その後きっといいこともあります。

何かがほしくて仕方がないとき、見方を百八十度変えて、与える側に回ってみてください。

「そんなことをしたら、よけいに困ってしまう」とお考えですか。

いいえ、あなたより、もっとそれを必要としている人もたくさんいるのです。あなたが与える側、感謝される側にまわることもできるのです。

信じられないと思う人も、だまされたつもりで、どうか試してみてください。

お金でも、愛でも、自分がそれに飢えているときこそ、要求するのをやめて、逆に他人に与えてください。

きっと、何かが変わるはずです。

24
できるかぎりのことをしたら、あとは天にまかせる

人を愛すれば、自分も愛されたいと願うのは当然のことです。

しかし、「相手は自分のことをどう思っているのか」ということばかり気にして、臆病になったり、卑屈になったり、嫉妬に駆られたりしては、自分がつらい思いをするばかりでなく、相手にも負担を与えてしまいます。

身勝手な愛情は、思い通りにならなかったときには、憎しみ、恨みに変わります。

相手の立場になって考えてみてください。

「あなたは、私のことを愛してくれますか？　私を傷つけると許しませんよ」

と、取引でもするように、警戒しながら接してくる人のことを、好きになれるでしょうか。

「私はあなたのことが好きなのだから、あなたも私のことを好きになるべきです」という押し付けがましい態度は、まったくの逆効果です。

それは愛ではなく、「自分の自尊心を満たすために、他人を利用しようとしている」だけなのです。

人を利用し、支配しようとすることは、愛とはまったく対極の行動です。

あなたが他人に利用されるために生きているのではないのと同じように、他人もあなたに利用されるために生きているのではありません。

他人の心を、コンピューターに命令を与えるように操作することは、不可能です。

不可能なことにやっきになって、神経をすり減らしても仕方がありません。

人を愛するためには、強い意志とともに、開き直りにも似た**淡白さも必要です。**

恩着せがましく愛を要求すれば、相手はたいてい、息苦しさを感じて、離れていきます。

「あなたが私をどう思おうとかまいません。ただ、私は、あなたのそばにいて、あなたと話をすることが、嬉しくて仕方がないのです」

という態度の方が、はるかによい印象をもたれるのではないでしょうか。

素直に、無邪気なほどに、自分の好意を表現するだけでいいのです。

「自分と一緒にいることを楽しんでくれる人」を嫌いになる人は、まずいないでしょう。

自分にできるかぎりのことをして、後は、宝くじでも買ったつもりで、運を天にまかせましょう。

25 言い方次第で印象は大きく変わる

先日、私が電車に乗っていると、隣の席に若いカップルが座りました。
女性が、「私、いつも、朝ごはん食べてないの」
と話すと、男性は、「ダメだよ、しっかり食べなくちゃ」。
「でも、ダイエット中だから」と言う彼女に、彼は、しつこく、
「ダメだよ、ダメだよ」を繰り返すばかり。
彼女はついに、「わかったよ、うるさいなあ」と、ふくれてしまいました。

彼が、「体によくないから、しっかり食べた方がいいと思うよ」

と、彼女を気遣う言い方をすれば、彼女からも、「ありがとう」という言葉が返ってきただろうに、と残念に思いました。

彼は、彼女を心配して言ったことなのでしょうが、その気持ちがまったく伝わらないどころか、逆に彼女の気分を害してしまいました。

私たちは、人を批判するつもりはないのに、つい無意識に批判的な言葉を使ってしまうことがあります。

「ダメ」、「どうしてあなたは〜」……。

子供のころ、親や先生にいわれて、あんなに嫌だった言葉を、知らず知らずのうちに自分でも使ってしまっていませんか。

批判的な言葉を使い続けていると、相手から、「何となく、この人とは話をしたくないな」と思われてしまいます。

悪意はないのに、うとまれてしまうなんて、まったくつまらないことです。

「~してはダメだ」というより、「こうした方がいいと思うよ」。

「どうして~してくれないの」というより、「こうしてくれると嬉しいな」。

言い方を変えると、印象は大きく変わります。

日本語では普通、主語を省略しますが、主語を補って考えるとわかりやすいと思います。

「あなた」を主語にすると、相手を批判する内容となってしまいがちです。

「私」を主語にして、相手を直接批判するのではなく、自分の考え、気持ちを伝えるようにしましょう。

いい意味で、「自分中心」に考えるのです。

習慣づければ、むずかしいことではありません。

26 してあげたことを忘れよう

「私はあの人に、これだけのことをしてあげたのに」

人は、してあげたことは、細かいことまでよく覚えています。

そのかわり、人にしてもらったことは簡単に忘れてしまいます。

夫婦や恋人同士のいさかいの多くは、「してあげたこと」と「してもらったこと」の不釣り合いへの不満から生まれます。

誰でも、自分が人にしてあげたことは重大なことに感じますが、人にしてもらったことは軽くみてしまいがちですので、釣り合いがとれるはずがないのです。

「こうしてほしい」という要求には、きりがありません。
「こうしてくれてありがとう」という感謝にこそ、愛の喜びがあります。
彼（彼女）に「してもらったこと」を、よく思い出してみてください。
「してあげたこと」は、すべて忘れることです。
公平にみて、それで、ちょうどいいくらいなのです。

27 自分の人生への不満を他人のせいにしない

人を愛するためには、まず自分を愛することが絶対条件です。

「自分を愛する」とは、他人をかえりみず、わがまま勝手、利己的になるということではありません。

不安や虚栄心から生まれるのは、まったく逆の、ゆがんだ形の自己愛です。

真の自己愛とは、「はっきりと目覚め、自分の足でしっかりと地面を踏みしめながら歩いているという実感をもつこと」です。


仕事がつまらない、恋人が冷たい……。

自分の人生への不満を、他人のせいにしてはいませんか。

悪いことを他人のせいにすれば、一時的に楽なように思えますが、結局は自分自身を苦しめることになります。

目覚めなくてはなりません。

現代では、人生を自由に選択できます。

どんなに消極的な選択であっても、それは自分の意思で選んだ結果なのです。「いやいやながら、人の言いなりになった」のだとしても、「自分の主張を通して面倒なことになるより、人の言いなりになる方が楽だ」と、最終的に決断を下したのは、自分自身です。

人間の尊厳にかけて、どうしてもやりたくないことは、凶器を突きつけられて脅迫でもされない限り、拒否することができるのです。

それによって何らかの不利益を受けても、自分で選択したことであれば、後悔はないはずです。

自分の人生が他人の意思によって決められてしまうのだとしたら、生きることに何の喜びがあるでしょう。

私たちは、奴隷でもロボットでもありません。

「選択をしない者は、選択しないという選択をしているのだ」と、外国のことわざにあります。

まぎれもなく、自分の選択の積み重ねの結果が、現在の自分なのです。

すべてが自分の思い通りになるわけではありませんが、自分で道を切りひらこうと最大限の努力をしている人は、人間として魅力があります。

もっともつまらないのは、自分の意思をもたずに、何でも他人まかせにしておきながら、不満ばかり言っている人です。

もちろん、何でも悪いことを自分のせいだと考えて、落ち込んだりする必要はありません。

自分が、自分の人生の主人公になると考えればよいのです。

石につまずいて転んだら、石に腹を立てるのではなく、立ち上がって、今度はつまずかないように注意して歩けばいい。

道を間違えたら、標識の間違いを責めるのではなく、もとの位置へ引き返して、やり直せばいい。

そう考えるだけで、ストレスも、心の傷も、大きく減少するはずです。

正しい自己愛をもっている人は、いきいきとして、目が輝いています。

自分自身を心から愛せる人が、他人も愛することができるのです。

28
一度も他人を傷つけずに生きてきた人などいない

毎日のように伝えられる凶悪な犯罪のニュースを見るたびに、一般の人たちが感じる疑問は、「犯人は、そんな残酷なことをして、なぜ罪悪感に苦しむことがないのだろうか」ということでしょう。

犯罪を犯すほど心のゆがんでしまった人間は、他人には想像もできないようなつらく苦しい、不幸な経験をしてきたに違いありません。

犯罪者のほとんどは、実は、罪を犯しておきながら、自分は加害者ではなく、むしろ被害者だと思っています。

「もともと自分は心の清らかな人間であったのに、こんな純粋な自分を虐《しいた》げ、疎外し、苦しめてきた他人が悪い」というわけです。

自分だけが損をしている、という被害者意識から、損得のバランスを取り戻すために他人に害を与えるのです。

ある女性に執拗《しつよう》につきまとい、ついには殺害してしまった男は、殺害前、交際の申し込みを断り続けたその女性に対し、「僕をストーカーにしないでください」と言ったそうです。

このひと言に、ストーカーとなるような人間の本性が凝縮されているように思います。


彼は、自分を純粋な人間だと思い込んでいたのでしょう。「完璧に純粋な人間でなければ、他人に認めてもらえない」という間違った観念を子供のうちに刷り込まれたのかもしれません。

――自分のような純粋な人間が嫌われるはずがない。しかし、現実に嫌われている。また、純粋な人間が人を憎んではいけない。しかし、自分は人を憎んでいる。

つじつまの合わない現実を受け入れることができず、自分の純粋さを守るためには、憎しみの対象を消し去ってしまうしかない、という誤った結論にたどり着いてしまったのです。

当人にとっては、他人に嫌われるということは死ぬほど怖いことですから、「精神的な正当防衛」だとでも思っていたのでしょう。

人と人とのトラブルのほとんどは、「被害者意識のぶつかり合い」だといえます。「自分の方が、より多くの被害をこうむっているのだ」ということを認めさせるための不毛な闘いです。

世の中は、被害者だらけです。いったい誰が加害者なのでしょうか。

皆、「自分はかわいそうな被害者である」と思い込むことによって、罪悪感から逃れようとしているのです。

罪悪感を感じることに怖れを抱く必要などありません。むしろ、罪悪感こそが、実際の罪悪を抑える働きをするのです。

「罪悪感を感じている人」と「悪い人」とは異なります。この世に、心に一点の曇りもない純粋な人間など、存在しません。

「自分は完璧に心の清らかな人間なのだ」と思い込み、罪の意識をまったく感じていない人が、その思い込みを否定されたときに、心が暴走し、ブレーキが利かなくなってしまうのです。

この世に、一度も他人を傷つけずに生きてきた人が、ひとりでもいるでしょうか。

他人とかかわるということは、互いにとって喜びであると同時に、**ときには迷惑でもあり、負担でもあります。**

皆、意図せずとも他人の権利を侵害しながら生きています。大げさに言えば、生きていること自体が罪だともいえます。

それでも人間は、許しを乞いながら、他人とかかわり合い、生きていくしかないのです。

「絶対に許せない人がいる」と思っている人も、実は、自分こそ他人から許してもらわなければならない存在であることに気づかねばなりません。

自分の罪悪感をはっきりと自覚している人こそが、健全な心をもっている人だといえるのです。

第4の扉

ささいなことで（不機嫌になる）（イライラする）（ムカつく）あなたへ

29 いつも上機嫌でいられる秘訣

幸せな人とは、いつも上機嫌でいられる人のことです。

「いいことがあったから、機嫌がいい」のではなく、「上機嫌な人には、いいことが起こる」のであり、「悪いことがあったから、機嫌が悪い」のではなく、「不機嫌な人には、悪いことしか起こらない」ものなのです。

嫌なことがあるとすぐに落ち込んだり、怒ったりする人は、意志が弱く、気分に流されやすい人だと言えます。

対して、いつも上機嫌でいる人は、悩みがないわけでも、何も考えずにのほほんとしているわけでもなく、強靭な意志をもって、つねに上機嫌であるように努めているのです。

ちなみに上機嫌とは、どんなときでもヘラヘラと笑っているということではありません。ふてくされず、やけにならず、活《い》き活きと、充実感に満ちた毎日を送るということです。

いつも不機嫌な人というのは、どんなに強がっていようとも、偉ぶっていても、実は自分に自信がないのです。

不機嫌とは、「もっと自分に気を遣ってほしい」という、他人に対してのサインなのです。

誰の周りにも、「他人を不愉快にさせる人」は存在することでしょう。

そういう人に、嫌なことをされたり、言われたりしたからといって、すぐに不機嫌になってしまってはいけません。

「他人を不愉快にさせる人」というのは、自分だけが他人から嫌われ、つまらない人生を送り、いつもイライラしていることが悔しいので、他人にも同じように不愉快な思いをさせて、自分と同じレベルにまで引きずり下ろそうとしているのです。

その挑発に乗り、腹を立ててしまっては、まさに相手の思う壺《つぼ》です。

「他人を不愉快にさせる人」に出会ったならば、自分の意志の力が試されるよい機会だと思ってください。

好きな人と一緒にいるときは、誰だって嬉しいし、上機嫌でいられるものです。嫌な性格の人の前でも上機嫌でいられたならば、あなたは相当に強い意志の持ち主であると言えます。

嫌な人のことは、「自分の幸福度をはかる試験台」だと思えばよいのです。

「他人を不愉快にさせる人」は、挑発に乗ってすぐに不機嫌になってくれる人を好んで選び、いつまでも執着します。

あなたが、そういう人に対してすぐに腹を立てていては、いつまでもカモにされ、付きまとわれ続けることでしょう。

挑発に乗らず、いつも上機嫌でいれば、相手はいずれあきらめるはずです。

不機嫌な人に対して、さらに強い不機嫌で対抗するのは、まったく逆効果です。上機嫌という武器を用いれば、労せずとも、相手のほうからあなたを避けるようになるでしょう。

不機嫌な人というのは、上機嫌な人を怖れます。相手と自分を較べてますます劣等感を深めることになってしまうので、面白くないのです。

「他人が悪いから、自分はいつも不機嫌なのだ」という浅はかな考えは捨ててください。

上機嫌な人というのは、他人に影響されず、**自分の意志で上機嫌をつくり出しているのです。**

上機嫌こそが、幸福の呼び水であり、愛される人間になるための必要条件です。

30 怒りや恥ずかしさは自覚すればコントロールできる

すぐにカッとなる、人前であがってしまう、など、自分の感情をうまくコントロールできずに悩んでいる人も多いことでしょう。

不快な感情の代表格は、「怒り」と「羞恥《しゅうち》」です。

これらの感情をコントロールできない人は、人間関係において意図せぬトラブルを生み、自己嫌悪に陥ってしまいがちです。

なぜ、自分の心が、自分のいうことをきかなくなるのでしょうか。

実は、感情は、無理に抑えようとすればするほど、よけいに抑えられなくなってしまうものなのです。

怒りっぽい人は、他人に腹を立てたとき、心の中では、次のようなメカニズムが働いています。

(1) 腹を立てるというのは、醜い行為だから、抑えなくてはならない。
(2) いや、悪いのは相手の方なのに、なぜ自分が反省しなくてはならないのか。
(3) 自分をこんなに怒らせた相手が憎くて仕方がない。

この悪循環で、ますます怒りがおさまらなくなってしまいます。

また、人前で緊張して声が震え、うまく話せなくなってしまう人は、

(1) 気が小さいということは、恥ずかしいことだ。

(2) 情けない人間だと思われないように、はっきりしゃべらなくてはならない。
(3) 気にすればするほど、ますます話せなくなる。

という繰り返しから抜けられなくなってしまっています。

不快な感情を抑えるもっともよい方法は、その感情をはっきりと自覚することです。

腹が立ったなら、「自分は今、怒っている」と、胸の中で唱えるのです。不思議なことに、必ず怒りは鎮まります。

人前であがってしまったときは、「私は今、緊張している」と、冷静に、はっきり意識してください。震えは止まります。

怒っている自分、恥ずかしがっている自分を認めたくないために、あたかも自分はそんな感情など抱いていないかのようにふるまおうとしたり、その責任を転嫁しようとしたりすることが、悪循環を生んでしまうのです。

自分の感情をうまくコントロールできないのは、自分の心の中で起こっている出来事を他人事のように客観視してしまうからです。

あなたの感情は、誰のためのものでもない、あなた自身のためのものです。原因が何であろうが、自分の感情に対する責任は、自分にあるのです。

怒りや恥ずかしさなどの不快な感情は、はっきり自覚しさえすれば、「だから、それが何だというのだ」と、どうでもいいことに思えてくるものです。

ごまかそうとせず、ありのままの自分の感情を自覚してください。

31
他人に振り回されずに生きる

いつも他人に対して不平や不満ばかり言っている人は、自分の信念や価値観をもたず、他人に振り回されている人だと言えます。

「他人にこんなことを言われた」、「他人にこんなことをされた」などと、他人の言動にいちいち腹を立てていては、まったくキリがありません。

「自分はこうしたいのに、なかなかできない」と、自分のことで悩むのは、大いに結構です。悩みがなければ、成長もありません。

しかし、「他人にこんなことをされた」というのは、**自分の問題ではなく、他**

人の問題です。他人の問題をいくら気にしても、自分のためにはなりません。

いちいち他人の問題をあげつらう人は、えてして向上心がありません。自分の欠点は棚に上げてしまうのです。

たとえ他人があなたをバカにしようとも、それは単に、「その人があなたをバカにした」という事実が存在するだけで、あなたが本当のバカであるというわけではありません。

自分に非がないのなら、そんな人の言うことは気にせず、堂々としていればよいのです。

他人をバカにするような人は、おそらく相当に劣等感の深い人です。それはその人の問題であって、あなたの問題ではありません。

他人の劣等感まで抱え込んで苦しむ必要はないのです。

他人に非難されることを怖れる人は、また一方で、自分を認めてくれた相手には、「永久に認め続けてくれること」を無意識のうちに要求してしまいます。幻滅されることが怖いのです。

そして、その押し付けがましさのために相手が距離を置こうとすると、「裏切られた」と言って逆恨みします。

はじめから嫌われるよりも、一度好かれた相手に嫌われることは、よけいにつらいことなので、はるかにその恨みは大きくなり、ストーキングなどの異常な行動に発展します。

要するに、他人の評価ばかりを気にする人は、結局、他人からどう扱われても、安心できないのです。

世の中には、他人が傷つくようなことを平気で言う冷たい人は、たくさんいます。

あなたのまわりだけでなく、誰の近くにも平等にいるのです。

もしもあなたが、「冷たい人間がいるせいで、自分はいつもストレスを抱えている」と思っているのだとしたら、あなたが幸せになるためには、世の中のすべての冷たい人間を抹殺しなければならないということになります。

そんなことは絶対に不可能です。

愚痴をこぼさず、いつも笑顔で明るく生きている人もたくさんいます。

明るい人のまわりには、冷たい人間がまったく存在しないわけではありません。

ストレスをためるか、ためないかは、まわりの環境ではなく、自分の心のもち方で決まるのです。

光は暗闇を照らすことはできますが、暗闇が光を消し去ることはできません。

暗闇《くらやみ》とは、単に「光がない状態」のことです。実体のない暗闇というものが、光を奪うことはできません。

明るい人は、暗い人から悪い影響などまったく受けないのです。

あなたの人間としての価値は、「ひとりの人にどう扱われるか」によって決まってしまうほど、ちっぽけなものなのでしょうか。

そうでないなら、心豊かに生きたいなら、今日かぎりで、「他人にこんなことを言われた」と腹を立てるのはやめましょう。

他人に対しては、親切や気遣いに感謝だけすればよいのです。

32 腹が立ったときが自分を見つめ直すチャンス

他人の言動が気にさわったときこそ、自分の過去を振り返ってください。

「私は、これまで一度も、他人に迷惑をかけずに生きてきただろうか。知らぬ間に他人を傷つけてしまってはいないだろうか」

他人に何かをしてあげたのに、感謝の言葉が返ってこなくて、悲しいと感じたなら、よく思い出してください。

「私は、他人に感謝すべきことに、きちんと感謝を示しているだろうか。何かをしてもらうことを当然と考えて、感謝の心を忘れてしまっているのではないだろうか」

他人に侮辱的な態度をとられて憤慨したときは、自分の言動をかえりみてください。

「私は、他人に接するとき、誰に対しても誠意を示し、相手の人格を尊重しているだろうか。相手の身分や身なり、性別や貧富の違いによって態度を変えてはいないだろうか」

恋人や友人が、自分の望むとおりのことをしてくれなくて、腹が立ったときは、自分の胸に問いかけてみてください。

「私は、つねに相手の望むとおりのことをしてあげているだろうか。人それぞれに性格も価値観も違うのだから、望むことは異なっていても当然ではないか」

いい友人がいないと嘆く前に、思いを巡らせてみてください。

「私は、はたして誰かから『いい友人』だと思われているだろうか。自分が誰かを求めているのと同じくらいに、自分は誰かから必要とされているだろうか」

仕事がつまらない、やりたい仕事が見つからないと、やけを起こす前に、反省してみてください。

「今の仕事を、プロ意識をもって完璧にこなしているだろうか。つまらない仕事さえ完璧にできない自分に、それ以上のことができるだろうか」

自分の気持ちを誰も理解してくれないと悲観する前に、考え直してみてください。

「私は、他人の気持ちを理解してあげているだろうか。自分の気持ちばかりを一方的に押し付ける人を、積極的に理解してあげられるほどの寛容さをもっているだろうか」

腹が立って不愉快な思いをしたとき、人間は、本能的に、「これは自分のせいではない」という言い訳を見つけようとしてしまいます。

しかし、本当に自分の責任の範囲外のことであるなら、それほど腹は立たないものです。

「自分の力でどうしようもないことは、いくら考えても仕方がない」とあきらめられます。

自分の心のもち方の問題であるのに、その責任を何とかして転嫁しようとするとき、矛盾にさいなまれて、堂々巡りになって、そんな自分に腹が立ち、気が晴れないのです。

自分をごまかそうとするより、すべてを自分の問題として考えることの方が、実は、はるかに気が楽なことなのです。

腹が立ったときは、そのエネルギーを、勇気を出して自分にぶつけ、自分を成長させるために使ってみてください。

自己嫌悪に陥って、自分の価値を下げることになるのではないか、という心配はいりません。

怒りを心にためておくことの方が、よっぽど精神に悪いことです。

怒りという害悪にしかならない感情を昇華させ、自分の心を清めてください。

真摯に自分の心と向き合えば、きっと自分に素直になり、自分を好きになることができるはずです。

33 目標とする人を見つけよう

人は、嫌なことがあったとき、それが自分のせいであっても、つい自分の弱さをごまかしたり、責任を転嫁《てんか》したりしてしまいがちです。

自分のさもしい考え方に嫌悪感を抱きながら、なかなか素直になれず、逆に腹を立て、裏腹な行動をとってしまうものです。いわゆる「逆ギレ」です。

人がもっとも腹を立てるのは、自分の劣等感に触れられたときです。怒りっぽい人というのは、それだけ劣等感の深い人だといえます。

自分が劣等感を感じながらも、克服しようとせず、ごまかし続けている人は、それを他人に掘り起こされることを怖れています。

せっかく「自分を変えたい」という意思をもっても、それが実現できなかったときには、かえって「どうせ自分はダメな人間だ」と自己嫌悪感を深めてしまうことになります。

そういうときは、自分が目標とする人をひとり、心に描いてください。

芸能人でも、スポーツ選手でも、作家でも、身近にいる人でも、好きな人がひとりはいるはずです。

そして、つまらないことに腹を立てて自己嫌悪に陥ったときには、

「○○さんなら、こんなことで腹を立てたりしないだろう」

「○○さんなら、こういうとき、どう対処するだろう」

と、その人のことを思い浮かべてください。

必ず心がスーッと楽になり、気分が落ち着くはずです。

もちろん、本当に腹を立てるべきときもあります。正しいことは堂々と主張し

てよいのです。自分が正しいなら、自己嫌悪は感じないはずです。

問題は、腹を立てている自分が嫌になったときです。

そういうときは、やはり突き詰めて考えれば、腹が立つ本当の原因は、自分の劣等感の中にあります。

冷静に考えれば自分も間違っていることは明らかなのに、それを認めるのが怖いから、必死で守ろうとして、他人を攻撃してしまうのです。


自分の人生を自分の責任として考え、何ごとも主体的に考えるのはよいことですが、この「主体的」という意味をはきちがえると、「自分がすべて」というエゴイズムや、「どうせ自分なんて」という重圧感、無力感に変わってしまいます。


行き詰まった場合には、一度「自分が、自分が」という我《が》を捨てて、他人の立場で客観視してみることも有効な手段です。

「○○さんなら、こういうとき、どう対処するだろう」

そう考える訓練を繰り返しているうちに、自然に自分の心を制御できるようになるでしょう。

34
小さなこだわりを捨てよう

自分なりの信念、こだわりをもち、それを貫くことは重要です。
しかし、この「こだわり」というものは、なかなかの曲者《くせもの》で、かたくななまでの偏狭なこだわりは、視野をせばめ、人間関係においてさまざまなトラブルを招きます。

あなたの「こだわり」は、あなたの人間性を高め、人生を豊かにするものでしょうか。
そうでないなら、そんなこだわりは、すっぱりと捨ててしまうべきです。

自分の考えは絶対に正しい。自分をバカにする人は許せない。他人はもっと自分を尊重するべきだ……。

——つまらないこだわりは、自分の劣等感や不安を打ち消そうとする気持ちから生まれます。

他人のちょっとした言動に腹を立て、わだかまりがなかなか消えないときは、大きく深呼吸をして、胸の中でこう唱えましょう。

「つまらない人間ほど、つまらないことにこだわるものだ。自分は、決してつまらない人間などではない」と。

小さなこだわりを捨てれば、心に余裕が生まれ、ストレスも減少します。他人を受け入れる広い度量をもてば、また他人からも受け入れてもらえます。

それは決して、主体性をなくして他人に迎合するということではありません。

水は、器に合わせて自在に形を変えますが、水という成分自体が変化するわけではありません。

水のように、柔軟に、しなやかに生きていきたいものです。

確固たるポリシーをもっている人ほど、他人の異なる考え方も認めてあげられるものなのです。

第5の扉

人は誰でも幸せになれる

35 幸せからスタートしよう

愛される人は幸せです。

「愛されるから幸せ」なのではなく、「幸せだから愛される」のです。

幸せは、どこにあるのでしょうか。運のいい人だけが、たまたま手に入れられるものなのでしょうか。

いいえ、**人は誰でも、幸せになることができます。**

人間の幸、不幸は、客観的な現実によって決まるのではありません。その現実をどう受け止めるかによって決まるのです。

末期ガンを宣告されたある人は、こう言いました。

「私は、ガンに侵されて幸いだった。もしも交通事故で一瞬のうちに命を落としていたら、愛する家族や友人に、最期に感謝を伝えられなかった」

もしもあなたが、「私は不幸だ」と嘆いているならば、それは、ばち当たりというものです。

不幸とは、「与えられたものへの感謝を忘れ、ないものばかりを数えて不満をいうこと」をいいます。

繰り返しますが、人は誰でも、必ず、幸せになることができます。

何か形のあるものを手に入れる必要はありません。**幸せに気づきさえすればよいのです。**

幸せは、人生のゴールではありません。スタート地点です。

幸せからすべてが始まるのです。

「他人に幸せにしてもらいたい」と願うのではなく、まず自分の幸せを認識することが、愛される一番の近道です。

幸せな人のまわりには、自然と人が集まります。

そして、幸せは人から人へ伝染し、ますます増幅していくことでしょう。

36 悪いことよいことは、常に一対である

漬物の沢庵《たくあん》を考案したことで知られる沢庵禅師は、剣の達人でもありました。彼は、「無心の剣法」というものを説きました。

無心とは、何も考えずにぼんやりしていることではありません。「ひとつのことにとらわれない」という意味です。

剣の勝負で、敵の腕を打とうと考えると、腕ばかりに心がしばられ、それ以外の攻めの機会を逃してしまう。

敵が面を打ってくるのではないかと思えば、面を防ぐことばかりが気になり、

わき腹に隙《すき》ができる。

勝とうと思えば、勝つことばかりに心をとらわれ、焦りが生じる。

剣法の極意は、「精神を集中しながら、しかも心はどこにもおかないこと」なのだそうです。


考えてみれば、私たちは日々、さまざまなことに心をとらわれて生きています。

「嫌味な上司がいるから、会社に行きたくない」

「恋人が最近冷たくなったのは、どういうことだろう」

「自分にひどい言葉を浴びせた友人が許せない」

何かひとつのことに執着しはじめると、それは知らず知らずのうちに、自分の心の中でどんどん肥大化していってしまいます。

他人から見れば「なぜそんなことにこだわるのか」と不思議に思うことでも、当人にとっては人生の明暗を分ける重要課題のように思えてしまいます。

そのために、**もっと大切なものが目に入らず、幸せを逃してしまう結果となり**

ます。

禅の教えでは、「ものごとをふたつに分けて考えること」を、心を乱すものとして戒めています。

生真面目な性格の人は、何ごとにも、白か黒かという明確な結論を求めようとしてしまいます。

あの人を許せるか、許せないか。

自分はあの人に好かれているか、嫌われているか。

自分はあの人よりも幸せか、不幸か。

ふたつに分けて考えようとすると、どうしても、どちらかはっきりさせなければ気がすまず、執着心が生まれてしまいます。

職場のある同僚に対して、「あいつは、ろくに仕事もできないくせに、一流大学を出ているというだけで、俺より高い給料をもらっている。不公平だ」という不満をもっている人がいるかもしれません。

しかし、広い世の中を見渡せば、楽をして大儲けしている人などたくさんいます。「自分の職場」という狭い狭い領域の中だけで、他人と自分を較べて、公平だ、不公平だと嘆いても仕方がないのです。

私たち日本人は、東南アジアのスラム街で鉄くずを拾って生活している子供たちから見れば、ただ日本に生まれたというだけで、不当なほどに恵まれた暮らしをしています。

上を見ても、下を見てもキリがありません。

恵まれた人をうらやんで「不公平だ」と嘆く人は、逆に自分より不遇な立場の人を思いやる気持ちがありません。**自分に執着してばかりいるのです。**

私たちも、沢庵和尚にならって、「無心」を心がけましょう。

繰り返しになりますが、無心とは、頭を空っぽにすることではありません。視野を広くもち、あらゆることに注意を傾けながら、しかもひとつのことに心をとらわれないということです。

嫌なことがあると、人はそのことばかり気にしてしまいがちです。

嫌なことを排除しようと必死になって努力すればするほど、ますます「嫌なこと」に執着して、心を支配され、身動きが取れなくなってしまいます。

「この問題を解決しなければ、自分は幸せにはなれない」と考えるのは、有か無か、ふたつにひとつしかないという思い込みにしばられているからです。

「嫌なこともあるけど、ほかに楽しいこともたくさんある」と、心を解き放たなくてはなりません。

雨の日に、雨が降ることに対して不満を言えば、ますます雨がうっとうしく感じられます。

雨が悪いのではありません。雨の日がなければ、晴れの日が気分がいいと感じることもないでしょう。

悪いこととよいことは、常に一対なのです。

私たちは、毎日呼吸ができることは当然だと思っていますが、もし空気の薄い日と濃い日があるとすれば、濃い日には空気のありがたみをつくづく実感できることでしょう。

幸せの中に不幸があり、また、不幸の中に幸せがあります。それぞれは独立したものではなく、すべてが絡み合い、影響し合っているのです。

ひとつのことにとらわれてはいけません。

不幸を経験したからこそ、小さな幸せに感動できるということもあります。

人生に起こったあらゆるできごとは、**重大なことであると同時に、ごく小さな、とるに足らないことでもあるのです。**

37

強さではなく、しなやかさを

人間の本当の「明るさ」とは、社交的であることや、弁が立つということではありません。

明るさとは、ものごとのとらえ方の問題です。

内向的な性格の人でも、口下手な人でも、明るく生きることは可能です。

むしろ、一方的にしゃべりまくる人や、何かにとり憑《つ》かれたようにいつも活動的に動き回っている人は、「そうしていないと不安だから」という衝動に突き動かされているだけで、実は自分の暗さを必死で押し隠している人だと言えるのかもしれません。

また、明るい人というのは、いいことばかり、楽しいことばかりを考えている人のことではありません。辛いことから目をそらすのは、単に人生から逃げているだけです。

本当に明るい人とは、どんなことでも受け入れる心の深さをもっている人のことなのです。それも、深刻にとらえるのではなく、柳に風と、軽く受け流すことができる人のことです。

暗い性格の人は、困難を克服するために、「もっと強くならなければいけない」と、堅苦しく自分に言い聞かせてしまいがちです。

他人にナメられてはいけない、はっきりと自己を主張しなければいけない、逆境にくじけてはいけない、弱音を吐いてはいけない……。

何にでも真正面から立ち向かい、それに打ち克《か》つことが強さだと思い込んでいるのです。

自分を叱咤《しった》激励し、心にむち打ち、結局はへとへとに疲れてしまい、「強くなれない自分」に嫌悪感を抱いてしまいます。

つまらないことにエネルギーを使い果たし、人生を楽しむ余裕を失ってしまっているのです。

大阪で根強い人気の吉本新喜劇では、ほとんどの出演者が、自分の身体的特徴をギャグにしています。

背が低い、アゴや鼻が大きい……。それらを気に病んでウジウジ悩むでもなく、卑屈に自嘲《じちょう》するでもなく、逆に自分のセールスポイントとしているのです。

自分自身をユーモアで笑い飛ばすことの大切さを教えてくれます。

「強さ」ではなく、「しなやかさ」を得るように、考え方を変えてみてはどうでしょうか。

ガラスはゴムよりも硬いですが、落とせば粉々に割れてしまいます。ゴムは柔らかいものですが、叩き割ることはできません。

視野を広くもち、ものごとを一方向からだけではなく、さまざまな角度から眺めてみてください。

「勝つか、負けるか」の二者択一ではなく、**「柔軟に受け流す」**ということも選択肢に入れてみていいのではないでしょうか。

受け流すということを、「逃げ」や「あきらめ」のように否定的にとらえることはありません。

せっかく与えられた人生を前向きに楽しもうという、積極的な態度なのです。

「柔よく剛を制す」の言葉どおり、幸せに生きるために必要なものは、強さではなく、しなやかさなのです。

38

逆境を味方につけよう

仮にあなたが、残り数年の命だと医師から宣告されたとします。

あなたは、悔いを残したまま死にたくないと、ずっと片思いだった女性に勇気を出して愛を告白しました。

彼女は、あなたの命が長くないことを知って、残された期間を最期まであなたとともに過ごしたいと言ってくれました。

彼女は毎日病院に看病にきてくれて、かいがいしくあなたの世話をしてくれます。

ついには、結婚してほしいとまで言ってくれました。

その時、もしあなたが億万長者なら、「彼女はどうせ、私の遺産が目的なのだ」と疑わざるをえません。そして、そんなことを疑う自分にも嫌悪感を抱いてしまいます。

あなたは、「自分が貧乏であったなら、彼女の愛を素直に信じられたのに」と悔やみましたが、後の祭りです。

お金を儲けることが幸せだと信じて必死で働いてきましたが、結局、お金は最後の最後に本当の幸せをもたらしてはくれませんでした。

「お金がなくても幸せ」でなければ、いくらお金があっても、幸せにはなれません。そして、お金がなくても幸せならば、必要以上にお金を手に入れる必要はないのです。

＊　＊　＊

仮にあなたが、顔を整形手術したとします。あなたは、自分の顔が不細工だから男性にもてないのだと、ずっと劣等感を抱き、悔しい思いをしてきました。多額の費用をかけて整形手術をしたおかげで、あなたは見ちがえるように美しくなり、多くの男性があなたに言い寄ってきました。しかしあなたは、心からの幸せを感じられません。

男性たちは、以前はあなたに見向きもしなかったくせに、あなたが美人になった途端、てのひらをかえすように態度を変えました。あなたは、そんな彼らを尊敬することも信頼することもできません。

「しょせん男なんて、女性を容姿だけで判断するのだ」という軽蔑と不信感が残るだけです。そして、それは**あなた自身の価値観の反映でもあるのです。**

「整形手術をして、自分に自信がもてるようになり、性格も明るくなった」という女性がいますが、そんなものは、本当の自信でも明るさでもなく、「自分をバカにした人たちを見返してやった」という虚しい満足感にすぎません。

「相手が自分を認めてくれて、はじめて自分も相手を認めてあげられる」という子供じみた考えを捨てないかぎり、幸せにはなれません。


あなたが「容姿が美しくなくても、愛される人間」でなければ、いくら美しさだけで人を惹《ひ》きつけても、真の愛の喜びは感じられないでしょう。

そして、あなたが容姿に関係なく愛される人間であるならば、形ばかりの美を求める必要などないのです。

＊　＊　＊

損得だけを考えれば、人間はまったく不公平にできています。

自分は清く正しく生きているのに損ばかりしている、この世には神も仏もいないのか、と思われる方もいるでしょう。

しかし、仮に、善いことをした人は必ず得をし、悪いことをした人は必ず損をするものと決まっているなら、そもそも人間に「善悪」という概念は存在せず、「損得」だけが価値のすべてとなってしまうでしょう。

すべての人が、損得勘定だけを考えて行動する——。それこそ、想像するだにおぞましい、殺伐とした世界です。

たとえ損をしてでも正しく生きることに、意味があるのです。

人は、報われることを求めて信仰をもちますが、世界中のどの宗教も、「望み通りに報われること」を目的とはしていません。

「報われなくても満足できること」こそが、人間にとって本当の幸福なのです。

逆境こそが、幸せの種です。

もしあなたが恵まれていないなら、それはむしろ幸運であるといえるのです。

生まれつき恵まれている人が感じる幸せなど、たいした幸せではありません。
恵まれていなくても感じられる幸せを見つけてください。

39

「WHY」ではなく、「HOW」で解決する

以前、テレビの情報番組で、何年間も家に引きこもっていた青年が、勇気を出して運転免許取得の合宿に出かける様子を放映していました。

母親は、息子のために、合宿に持っていくもののリストをこと細かに紙に書きとめ、準備をしてあげていました。母親の「私は、息子のためにこんなにも献身的に尽くしてあげている」と言いたげな態度に、私は怒りさえ覚えました。

二十歳を過ぎた大人が外出するのに、母親が持ちものを用意してあげているのです。雨が降っているからと、ご丁寧に電話でタクシーまで呼んで、門の前まで息子を見送ってあげていました。

この青年はずっと、母親からこうして、「お前は、お母さんがついていなければ、ひとりでは何もできない、ダメな子なのよ」という暗黙のメッセージを受け取り続けてきたのでしょう。

この母親は、息子が精神的に独立して、自分から離れていってしまうのが怖いのです。いつまでも子供が一人前にならないよう、偽りの愛情を盾にとって、真綿で首をしめるように、子供の自尊心をむしばんできたのです。

息子の奴隷のように尽くす母親の態度は、愛情ではなく、「自分が嫌われたくない」という利己心にすぎません。

こんな母親に育てられたら、自己無価値感に悩まされても当然だと、私は彼の不運な境遇に同情しました。

人は、自分の生まれる環境を選べません。富豪の家に生まれるか、貧乏な家に生まれるか。愛情あふれる親に育てられるか、まったく愛情を受けずに育つか。

自分の境遇に、「なぜ（WHY）」と問いかけても、答えは得られません。それは、

「たまたまそうなった」としか言いようがないのです。

科学では、台風や地震、雷などについて、「なぜ、そのような現象が起こるのか」ということは解明されています。しかし、この「なぜ」とは、「WHY」ではなく、「HOW（どのようにして）」ということであるにすぎません。

台風や地震が起こるメカニズムはわかっても、そもそも、なぜ神（と言って都合が悪ければ、自然）が、台風や地震という現象をこの世界に創り出したのか、それに何の意味があるのか、ということまでは、科学では説明できません。

私たちにできるのは、せいぜい、経験と知識を使って自然災害を予測し、できるかぎりの備えをすることだけです。

ガンに侵された人は、「なぜ（WHY）自分がこんな目に」と運命を呪《のろ》う前に、医者に外科的手術で腫瘍《しゅよう》を摘出してもらわなければなりません。

私たちは、さまざまな現象がどのようにして（HOW）起こるかというメカニズムを解明し、対処するしかないのです。

冒頭に挙げた青年は、愛情のない母親に怒りや憎しみを感じながらも、親を憎むのは悪いことだという罪悪感に苦しみ、怒りを抑圧し、素直に自分を表現できないでいるのでしょう。

母親を直接攻撃することはできないから、代わりに「自分はこんなにも傷ついている」ということを示して、間接的に批判しているのです。

自信がもてない人間に育ってしまった心のメカニズムを認識し、知らず知らずのうちに染みついた間違った考え方を少しずつ改善していけば、心の病は治っていくはずです。

たまたま未成熟な親に育てられてしまったことは、仕方のないことです。嘆くのはやめ、「自分の責任ではない」ということをはっきり自覚し、抑圧された心を解放するべきです。

幼い子供は、親の不幸や不機嫌に対し、罪悪感を感じてしまいます。

「両親の仲が悪いのは、自分が悪い子だからだ」

「親が自分を可愛がってくれないのは、自分が愛される資格がないからだ」

しかし、そういう不運な境遇に生まれたとしても、それは自分の責任でも、罪悪でも何でもないのです。

「なぜ（WHY）」と自分を責めるのは、やめましょう。

たまたま運が悪かった、というだけのことです。


罪悪感や劣等感を感じている人は、それをはっきりと認めるのが怖いから、いつまでも自分の心を抑圧し、自分をごまかして生きています。X線やCTスキャンでガン細胞の位置を特定しなければ、治療することもできません。

自分の性格を直したいと思ったら、「どうして（HOW）そのような性格が形成されたのか」というメカニズムを認識するだけで充分です。「なぜ（WHY）自分が……」という罪悪感や劣等感をもっていては、一歩も前に進めません。

生まれながらにして罪を背負っている人など、この世にひとりもいません。

誰でも、生きるだけの価値があったから、数十億分の一の幸運な確率で生まれてきたのです。

なぜ自信がもてないのか、なぜ不機嫌になるのか、なぜ不安を感じるのか。ひとつひとつの心理を、客観的に分析して、改善していってください。

風邪を引いたときには、お腹を冷やさないようにし、部屋の換気をよくして、充分な睡眠をとればよい。それと同じレベルの話なのです。風邪を引いたのは、あなたに罪があったからではありません。

40 過去と他人は変えられない

いったいに、不幸な人とは、与えられたものへの感謝を忘れ、ないものばかりを数えて不平を言い、悪いことは何でも人のせいにして、自分をごまかしながら生きている人のことです。

「不運」は誰にでも起こり得るものですが、「不幸」は自らの心のもち方が招いてしまうものです。

誤解を怖れずに言えば、**「不幸」は本人の責任**です。

不幸な人は、他人に認められ、愛されることを「心の底では」求めています。

しかし、実際に心優しい人が現れ、自分のすべてを受け入れてくれたとしても、今度はその人を怖れ、避けてしまいます。

不幸な人は、自分に自信がないから、幸せな人の前では、「この人に較べて、自分は何と情けない人間なのだろう」と、劣等感をますます深めてしまうのです。「どうせ自分なんか、いずれ嫌われるに決まっている」と思い込み、怖れを感じます。

そして、**幸せな人を避け、幸せになるチャンスを逃してしまいます。**

不幸を嘆いていた自分と訣別《けつべつ》し、幸せに向かって歩き始めることは、はじめは大変な勇気がいることです。

これまでの自分を否定することが怖いのです。いつまでも「自分が不幸である理由」に執着し、不満を並べ立てていた方が楽だと考えてしまいます。

「イソップ物語」に出てくるキツネは、高い木の枝になっているブドウが食べたくて仕方がなかったのですが、どうしても手が届かず、「どうせあのブドウは酸《す》っぱいに決まっている」と言って去っていきます。

甘いブドウが食べられないのはあまりに悔しいので、せめてブドウは酸っぱいと思い込むことによって、自分を納得させているのです。

不幸な人が「世の中はみにくい」、「人間なんて皆、冷たい」と思い込むのも同じ原理です。

また、不幸な人は、自分と同じように不幸な人に近づき、その人の欠点をあら探ししては、「こんな奴に較べれば、自分はまだましな方だ」と、低次元な優越感を得て安心します。

心の中で軽蔑《けいべつ》するために互いを必要とし合う、という悲しい関係の「不幸グループ」ができ上がってしまいます。

不幸な人同士が付き合っていては、いつまでたっても幸せになれないどころか、ますます不幸の闇に落ちていきます。勇気を出して垣根を乗り越え、積極的に幸せな人と接してください。

不幸な人が幸せな人と付き合えば、ますます劣等感を深めてしまうのではないか、などと怖れを抱く必要はありません。それは、不幸グループでの考え方が染みついている証拠です。

他人を見下すのは、自分に自信のない臆病な人たちがすることです。幸せな人たちは、決して他人を見下したりしません。そんなことをする必要がまったくないからです。

もし、これまであなたが他人に受け入れてもらえなかったのだとすれば、それは、**あなた自身が他人を拒絶していたから**です。

謙虚に人に救いを求めれば、必ず人は受け入れてくれます。

過去と他人は変えられません。

変えられるのは、自分の考え方、現実の受け止め方のみです。

一生、強がって自分をごまかしながら生きるか、勇気を出して自分を変える勇気をもつか。本当に楽なのは、どちらでしょうか。

41

考えることから逃げない

幸せになるためには、当然ながら、「幸せとは何か」がわかっていなければなりません。

幸せな人とは、「自分はいかに生きるべきか」をよく考えている人のことです。

ここで言う「考える」というのは、学校の成績の良し悪しとはまったく関係がありません。一流大学を出ている人でも、「自分は何になるか」はわかっていても、「いかに生きるか」について考えていない人は、たくさんいます。

不幸な人は、生きることに虚しさを感じています。

自分の心と真剣に向き合うことを怖れて、ただ無為に時間が過ぎるのを待つだけの人生を送っています。

公共の場で迷惑行為をはたらいて、他人から注意され、その相手を逆恨みして暴力を振るうという事件が多発しています。

いわゆる「キレる」状態というのは、「冷静になることを怖れている」状態のことです。

冷静に話し合えば、とうてい自分の正当性を主張することができず、都合が悪いので、「頭に血がのぼってわけがわからない状態」になることでごまかし、弱い自分を守ろうとしているのです。

他人と触れ合うことを避けて押し黙ってしまう人も同様に、堂々と話し合えば自分の非を認めざるをえなくなるから、必死でごまかしているのです。

つまり、そういう人たちは、「考える」ことを拒否しているのです。

弱い自分を認めたくないから、「自分はどういう人間か」について考えることを怖れ、考えて行動していないから他人の評価に怯《おび》えなければならない、という悪循環に陥っています。

どんな不運な境遇にあっても、自分の人生を真正面から受け止めている人は、幸せです。苦しくても、悲しくても、**「生きている実感」**があります。

自分の頭で考えることを避けている人は、傷つくことから逃れたかわりに、虚しさという不幸を背負って生きていかなければなりません。

人間を絶望させるものは、苦しみでも悲しみでもなく、この「生きているという実感のない虚しさ」です。

先日、書店の店内で、幼い子供が走り回って騒いだり、本を投げつけたりしていました。母親は近くにいるのに、我が子に注意しようともしません。

店員さんが、見かねて子供に注意しました。するとその母親は、「ほら、おじさんに叱られるから、静かにしなさい」と子供に言ったのです。

子供は、自分が悪いことをしたという自覚はなく、自分を叱った店員さんを恨んだことでしょう。

こういう親に育てられた子供は、不幸です。自分でものごとの善悪を判断することができず、他人からの評価に怯える人間に育ってしまうでしょう。

他人に褒められるか、叱られるかどうかということを行動の基準とするのなら、犬と同じです。

あなたの価値は、「自分の信念に従って正しく生きているか」によって決まるのです。

正しいことか間違っていることかを自分の頭で考えず、単に「自分を受け入れてくれる場」を求める人が、暴走族やインチキ宗教団体に入ってしまうのです。

自分のプライドにかけて、誰にも褒められなくても正しいと思うことはする。

誰にも叱られなくても間違ったことはしない。

これさえ守っていれば、不安に怯えることなどありません。
思いやりも、優しさも、愛も、考えることから生まれます。
考えて行動しなければ、幸せにはなれません。

42 他人の幸せを純粋に喜ぶ

他人が喜ぶことをしてあげるのは、よいことです。

ただし、その動機が肝心です。

「自分が好かれたいから」という理由なら、やめた方がよいでしょう。

結局、自分も相手も苦しめることになります。

それは、自分でも無意識のうちに、相手の心を巧妙に操作しようとしているということなのです。

自分の思い通りにならなかったときには、逆に恨みに変わってしまいます。

他人からの愛情が得られないといって苦しんでいる人は、自分に問いかけてみてください。

なぜ、自分には、他人に愛を要求する権利があるのか、と。

あなたが相手に何かを「してあげた」からですか。

また、相手が一度でもあなたを愛したなら、永久に愛し続けなければならないという義務が発生するのですか。

愛を要求する権利など、誰にもないのです。

私たちに許されているのは、自分を愛してくれた人に感謝することだけです。


子供が自分になついてくれないからといって、虐待する親がいます。

もの心もついていない幼い子供にまで「自分を愛してくれること」を要求する親というのは、子供より精神が幼稚なのでしょう。

ふつう、親は、子供が成長していくのを見ることそのものが幸せなのです。子供が親に何か恩返しをしてくれることを期待して子供を育てているのではありません。

「子供が幸せである」というだけで、それが同時に親にとっての幸せなのです。

愛するとは、相手のご機嫌をうかがうことではありません。

「好かれたいから」という理由で人に何かをしてあげるのでは、ただの奴隷です。そんな人は、いつまでたっても人を愛することはできず、人から愛されることもないでしょう。

他人に愛を要求すればするほど、その利己的な態度ゆえに敬遠され、結局、「どうせ自分は愛される値打ちのない人間なのだ」と自信を失うことになってしまいます。

他人が喜ぶことをしてあげるのは、**単に「他人の幸せが嬉しいから」**という理由でなければなりません。

「だから、私を好きになってほしい」と、よけいなことを考えるから、苦しいのです。
他人を幸せにすれば、自然に、その幸せは自分に返ってくるものなのです。

43

「人は、幸福になる義務がある」

「自分のしたいことをする」ということに、罪悪感を感じる方もいるかもしれません。

子供の頃、「わがままをいってはいけません」、「がまんしなさい」と厳しくしつけられたために、欲求を抑えてしまう癖がついているのでしょう。

もちろん、他人の迷惑も顧みずに傍若無人にふるまったり、他人から何かを奪ったりすることは、悪いことに決まっています。

しかし、正常な感覚をもっていれば、他人を困らせたり、他人を悲しませたりしてまで自分だけが得をすることは、本当に喜べることではありませんので、おのずから、「したいこと」からは除外されるはずです。

自分の心に恥ずることなく、胸を張って語れること、見栄や私欲ではなく、心からの充実を感じられることであれば、「したいこと」は、躊躇《ちゅうちょ》することなく行っていいのです。行うべきです。

人は、自分の喜びのために生きていいのです。
そのエネルギーが、まわりの人にも幸せを分け与えます。

『幸福論』を著したアランは、「人は、幸福になる義務がある」と言っています。
権利などという甘いものではなく、幸福は義務だといっているのです。
幸福も不幸も、少なからず周囲の他人に影響を及ぼすからです。

毎日の生活に充実を感じていない人は、他人の幸せをねたみ、他人の不幸を願うようになります。

自分の喜びのために生きていなければ、人を愛することはできず、人から愛されることもありません。

樹木は、少しでも深く根を張り、高く成長し、多くの実をつけようとします。

犬は、広場につれていけば喜んで走り回りますし、鳥は、鳥かごから出してやれば、大空へ向かって飛び立ちます。

自分に与えられた能力を最大限に発揮しようと努めることが、生物に与えられた本能であり、生きる喜びそのものなのでしょう。

縁起でもない話ですが、もしあなたの命が、あと数年で終わるとわかったなら、残された期間、何をしますか。

あなたが今、思い浮かべたことが、きっと、あなたにとっての理想の幸せの形です。

では、なぜ、それを今すぐ実行しないのですか。

自分が本当にしたいことは何なのか、自分はどういう人間になりたいのか、心から湧き上がる声に耳を傾けてください。

自分が求める幸せが、他人の不幸の上に成り立つものでなければ、誰に遠慮することもなく、堂々と求めていいのです。

本作品は二〇〇四年一月に小社より刊行されました。

たかた まさひろ

一九七〇年山口県に生まれ、愛媛県で育つ。神戸大学中退。執筆業。メールマガジン「愛する人に愛される方法」を配信。

著書に『こころのおそうじ。―読むだけで気持ちが軽くなる本』『こころがホッとするセラピーブック』(以上、大和書房)がある。
●著者ホームページ
http://www.h5.dion.ne.jp/~takata/

だいわ文庫

3分《ぶん》間《かん》で気《き》持《も》ちの整理《せいり》をするリラックスブック

著者 たかた まさひろ

二〇〇九年七月一五日第一刷発行
二〇一〇年五月五日第三刷発行

発行者 南 暁
発行所 大和《だいわ》書房
東京都文京区関口一―三三―四 〒一一二―〇〇一四
電話 〇三―三二〇三―四五一一
振替 〇〇一六〇―九―六四二二七

装幀者 鈴木成一デザイン室
本文デザイン 二ノ宮 匡(TYPEFACE)
本文イラスト 半田順子
本文印刷 三松堂印刷
カバー印刷 山一印刷
製本 小泉製本

ISBN978-4-479-30243-8
乱丁本・落丁本はお取り替えいたします。
http://www.daiwashobo.co.jp